AF401826

RECUEIL COMPLET

DES

ORDONNANCES

DE POLICE

RENDUES DEPUIS L'ÉTABLISSEMENT
DE LA PRÉFECTURE.

1813 et six mois de 1814.

TOME X.

PARIS,

J.-R. LOTTIN, Imprimeur du ROI et de la
Préfecture de Police, rue de Nazareth, n.° 1.

M. DCCC. XVI.

RECUEIL COMPLET
DES ORDONNANCES
DE POLICE.

BATEAUX DE CHARBON DE BOIS.

EXTRAIT

De la Décision de S. Ex. le Ministre de l'Intérieur, du 22 décembre 1811.

I.° Tous les propriétaires de bateaux qui naviguent sur les rivières et canaux, et destinés aux transports de charbon de bois pour l'approvisionnement de Paris, seront tenus de marquer, dans le plus bref délai, leurs bateaux des lettres initiales de leurs noms et prénoms, et de leur donner une devise.

II.° La devise qui aura été attribuée à chaque bateau, sera enregistrée sur un registre tenu à cet effet par l'inspecteur de la navigation de l'arrondissement.

III.º Les bateaux qui ne seront pas marqués comme dessus, ne recevront pas de charge-ment sur les ports d'embarcation , et ne pourront faire aucun transport de charbon à la destination de la capitale.

Pour extrait conforme :
Le Secrétaire-général de la Préfecture de Police, Chevalier de l'Empire, signé, PIIS.

ORDONNANCE.

Paris , le 4 janvier 1813.

NOUS, ÉTIENNE-DENIS PASQUIER , Officier de la Légion d'honneur , Baron de l'Empire, Conseiller d'État, chargé du 4.ᵉ arrondissement de la Police générale, PRÉFET DE POLICE du département de la Seine et des communes de S.-Cloud, Sèvres et Meudon du département de Seine et Oise, etc. ;

Vû la lettre de M. le Conseiller d'État, directeur-général des ponts et chaussées, du 2 janvier présent mois, relative aux bateaux de charbon destinés à l'approvisionnement de Paris ;

ORDONNONS ce qui suit :

ART. I.er Les articles I, II et III de la décision de S. Ex. le ministre de l'intérieur, du 11 décembre dernier, seront imprimés avec la présente Ordonnance, *publiés* et affichés dans le ressort de la Préfecture de Police.

II. Les contraventions seront constatées par des procès-verbaux qui nous seront adressés.

III. Il sera pris envers les contrevenans telles mesures de police administrative qu'il appartiendra, sans préjudice des poursuites à exercer contr'eux devant les Tribunaux.

IV. Les sous-préfets des arrondissemens de S.-Denis et de Sceaux, les maires des communes riveraines du ressort de la Préfecture de Police, l'inspecteur-général de la navigation et des ports et les préposés de la Préfecture sont chargés de tenir la main à l'exécution de la présente Ordonnance.

Le Conseiller d'État, Préfet, Baron de l'Empire,
Signé, PASQUIER.

Par le Conseiller d'État, Préfet,

Le Secrétaire-général, Chevalier de l'Empire,
Signé, PIIS.

EXTRAIT

DE L'ARRÊTÉ DU GOUVERNEMENT,

Du 19 messidor an XI.

Portant réglement pour la perception de l'octroi de Navigation dans le sixième arrondissement du bassin de la Seine.

Déclaration à faire par les propriétaires de bateaux.

ART. XII. Dans le mois qui suivra la publication du présent décret, tout propriétaire de bateaux faisant la navigation de Rouen à Paris, et de Paris à Rouen, déclarera distinctement et séparément, à l'inspecteur de la navigation, tous ceux qui lui appartiennent.

XIII. Cette déclaration indiquera le nom et la plus grande longueur de chaque bateau, l'année de sa construction, et le domicile du propriétaire ; elle sera passée au bureau de recette dans l'arrondissement duquel résidera le déclarant.

XIV. L'inspecteur se transportera à bord, pour vérifier les déclarations qui lui seront passées, et en constater l'exactitude sur sa responsabilité.

XV. Les bateaux employés à la navigation porteront sur l'arrière un numéro, un nom et l'indication du port auquel ils appartiennent. Cette inscription sera faite aux frais du propriétaire, en lettres blanches, sur un fond noir.

XVI. Le propriétaire sera responsable de l'inscription, qui ne pourra être effacée, couverte ou changée, sous quelque prétexte que ce soit : dans le cas de contravention à cette disposition, le propriétaire sera puni d'une amende de vingt-cinq francs.

XVII. Il sera délivré chaque année et pour chaque bateau, un congé gratis, sauf le coût du papier, qui contiendra le numéro, le nom du propriétaire, l'indication du port dont il dépend, et la signature de l'inspecteur qui aura vérifié la déclaration prescrite par l'article XIII.

XVIII. Les propriétaires des bateaux venant des rivières affluentes, pour parcourir la Seine, sont tenus aux mêmes dispositions que ceux des bâtimens qui naviguent sur ce dernier fleuve : dans le cas où ils ne les rempliraient pas, ils seront punis d'une amende de cinquante francs.

XIX. Les congés à délivrer en vertu de l'art. XVII, seront extraits du registre des déclarations passées par les propriétaires, conformément à l'article XII ; ils porteront en tête le numéro de l'enregistrement.

XX. Dans le cas où un bateau serait perdu ou dépéri, le propriétaire sera tenu de le déclarer dans la quinzaine au bureau de son arrondissement, et d'y rapporter le congé relatif à ce bateau.

Pour extrait conforme :

Le Secrétaire-général de la Préfecture de Police, Chevalier de l'Empire, signé, PIIS.

ORDONNANCE.

Paris, le 4 janvier 1813.

NOUS, Étienne-Denis PASQUIER, Officier de la Légion d'honneur, Baron de l'Empire, Conseiller d'État, chargé du 4.ᵉ arrondissement de la Police générale, Préfet de Police du département de la Seine et des communes de S.-Cloud, Sèvres et Meudon, du département de Seine et Oise, etc. ;

Vû les Arrêtés du Gouvernement des 12 messidor an VIII, et 3 brumaire an IX ;

Et la lettre à nous adressée le 28 octobre dernier, par M. le directeur receveur-général des droits-Réunis du département de la Seine ;

Ordonnons ce qui suit :

Art. I.er Les articles XII et suivans jusques et compris l'article XX de l'Arrêté du Gouvernement du 19 messidor an XI, *portant réglement pour la perception de l'octroi de navigation sur la Seine dans le sixième arrondissement*, seront imprimés avec la présente Ordonnance, *publiés* et affichés dans le ressort de la Préfecture de Police.

II. Dans un mois à compter du jour de la publication de cette Ordonnance, tout propriétaire de bateaux employés à la navigation de la Marne et de la Seine, dans le ressort de la Préfecture de Police, sera tenu de faire la déclaration prescrite par les articles XII et XIII de l'Arrêté du 19 messidor an XI.

III. Cette déclaration sera faite, savoir, par les propriétaires domiciliés à Paris, dans les bureaux de la direction générale des Droits-Réunis, et par les Propriétaires domiciliés dans les communes rurales, aux bureaux de navigation établis à Alfort, Choisy, Sèvres et Neuilly.

IV. A l'avenir, ceux qui feront construire des bateaux, seront tenus de faire la même déclaration, lorsque les bateaux seront achevés.

V. Aussitôt que la déclaration aura été faite et reconnue exacte, les propriétaires seront tenus de faire peindre, à leurs frais, à l'arrière et aux deux côtés de chaque bateau, en lettres blanches de dix centimètres de hauteur, sur un fond noir, leurs noms, leur demeure, la largeur des bateaux, la classe dont ils font partie, et l'indication du port auquel ils appartiennent.

VI. Les contraventions seront constatées par des procès-verbaux qui nous seront adressés.

VII. Il sera pris envers les contrevenans telles mesures de police administrative qu'il appartiendra , sans préjudice des poursuites à exercer contr'eux devant les tribunaux.

VIII. Les sous-préfets des arrondissemens de S.-Denis et de Sceaux , les maires des communes riveraines du ressort de la Préfecture de Police , l'inspecteur-général de la navigation et des ports, et les préposés de la Préfecture sont chargés de tenir la main à l'exécution de la présente Ordonnance.

Le Conseiller d'État, Préfet, Baron de l'Empire,
Signé, PASQUIER.

Par le Conseiller d'État, Préfet,

Le Secrétaire-général, Chevalier de l'Empire ,
Signé, PIIS.

ORDONNANCE

Concernant le tirage du Sable en rivière.

Paris, le 21 janvier 1813.

NOUS, ÉTIENNE-DENIS PASQUIER, Officier de la Légion d'honneur , Baron de l'Empire, Conseiller d'État, chargé du 4.^e

arrondissement de la Police générale, PRÉFET DE POLICE du département de la Seine et des communes de S.-Cloud, Sèvres et Meudon du département de Seine et Oise, etc.;

Vû les lettres qui nous ont été adressées par M. l'Ingénieur en Chef, Directeur des Ponts et Chaussées du département de la Seine, relativement aux dégradations des abords des ponts et des murs des quais, par suite du tirage du Sable dans le lit de la rivière;

ORDONNONS ce qui suit:

ART. I.ᵉʳ Il ne pourra être tiré de Sable dans le lit des rivières de Seine et Marne, qu'à cinquante mètres tant en *amont* qu'en *aval* du pont des Tuileries, à vingt-cinq mètres des têtes d'*amont* et à quarante mètres des têtes d'*aval* des autres ponts établis dans le ressort de la Préfecture de Police.

A vingt mètres de la partie de quai correspondant à la pointe orientale de l'île Notre-Dame, et à dix mètres des murs des autres quais.

II. Il est expressément défendu aux Mariniers et à tous autres de tirer du Sable dans l'intérieur des limites ci-dessus déterminées.

III. Les contraventions seront constatées par des procès-verbaux qui nous seront adressés.

IV. Il sera pris envers les contrevenans aux dispositions ci-dessus, telles mesures de Police administrative qu'il appartiendra, sans préjudice des poursuites à exercer contr'eux devant les Tribunaux, conformément aux Lois et Réglemens.

V. La présente Ordonnance sera imprimée, *publiée* et affichée.

Les Sous-Préfets des arrondissemens de S.-Denis et de Sceaux, les Maires des communes riveraines, les Commissaires de Police, l'Inspecteur-général de la Navigation et des Ports et les Préposés de la Préfecture de Police sont chargés de tenir la main à son exécution.

Le Conseiller d'État, Préfet, Baron de l'Empire,
Signé, PASQUIER.

Par le Conseiller d'État, Préfet,

Le Secrétaire-général, Chevalier de l'Empire,
Signé, PIIS.

ORDONNANCE

Concernant des mesures de Police relatives à l'ouverture de la session du Corps Législatif.

Paris, le 12 février 1813.

NOUS, Étienne-Denis PASQUIER, Officier de la Légion d'honneur, Baron de l'Empire, Conseiller d'État, chargé du 4.e arrondissement de la Police générale, PRÉFET DE POLICE du département de la Seine et des communes de S.-Cloud, Sèvres et Meudon du département de Seine et Oïse, etc. ;

Vû l'article 1.er du décret impérial du 4 février 1813, portant que l'ouverture de la session du Corps Législatif aura lieu dimanche 14 dudit mois ;

Vû la lettre de S. Ex. le grand-maître des cérémonies ;

ORDONNONS ce qui suit :

ART. 1.er Dimanche prochain 14 février, jour de l'ouverture de la session du Corps Législatif, la circulation et le stationnement des voitures seront interdits à compter de *dix* heures du matin jusqu'après le retour de S. M. au palais impérial des Tuileries,

Sur la place et le pont de la Concorde,

Sur le quai Bonaparte jusqu'au quinconce des Invalides, le boulevart des Invalides jusqu'à la rue de Vaugirard, la rue de Vaugirard jusqu'à la rue de Tournon, la rue de Tournon, la rue du Brave, la rue des Quatre-Vents, la rue des Fossés S.-Germain-des-Prés, le carrefour de Bussi, la rue Dauphine, le Pont-Neuf, le quai de l'École, le quai du Louvre et le quai des Tuileries jusqu'à la place de la Concorde, et dans toutes les parties de la voie publique comprises dans cette enceinte.

II. Les voitures des autorités ou des personnes qui se rendront, des quartiers de la rive gauche de la Seine, au palais du Corps Législatif, arriveront aux cours de ce palais, par les rues du Bac et de l'Université.

Les voitures des autorités ou des personnes qui s'y rendront des quartiers de la rive droite, arriv ront, soit par le Pont-Neuf ou par le pont Royal.

Celles qui arriveront par le Pont-Neuf, suivront les quais jusqu'à la rue du Bac.

Celles qui arriveront par le pont Royal, se réuniront en une seule file à celles venant par le Pont-Neuf, et arriveront au palais du Corps Législatif par les rues du Bac et de l'Université.

III. Il est défendu de traverser les cortèges.

IV. Il est pareillement défendu de monter sur les parapets des ponts et des quais.

V. L'inspecteur-général de la police prendra toutes les mesures non prévues qui seraient nécessaires pour le maintien de l'ordre et de la sûreté publique.

Il se concertera pour l'exécution avec le commandant de la force armée.

VI. Il sera pris envers les contrevenans, telles mesures de police administrati- qu'il appartiendra, sans préjudice des poursuites à exercer contr'eux devant les tribunaux.

VII. La présente Ordonnance sera imprimée, *publiée* et affichée.

L'inspecteur-général du 4.e arrondissement de la Police générale de l'Empire, les commissaires de police, les officiers de paix et les préposés de la Préfecture de Police sont chargés de tenir la main à son exécution.

Le Conseiller d'État, Préfet, Baron de l'Empire,
Signé, PASQUIER.

Par le Conseiller d'État, Préfet,

Le Secrétaire-général, Chevalier de l'Empire,
Signé, PIIS.

ORDONNANCE

Concernant les Masques pendant le Carnaval.

Paris, le 13 *février* 1813.

Voyez pour cette Ordonnance, *tome IX,* page 38.

ORDONNANCE

Concernant la prohibition de la Chasse.

Paris, le 24 *février* 1813.

Voyez pour cette Ordonnance, *tome IX,* page 43.

ORDONNANCE

Concernant la translation de la foire aux Jambons sur le quai de la Vallée.

Paris, le 24 février 1813.

NOUS , Étienne-Denis PASQUIER, officier de la Légion d'honneur, Baron de l'Empire , Conseiller d'État, chargé du 4.ᵉ arrondissement de la Police générale, PRÉFET DE POLICE du département de la Seine et des communes de S.-Cloud, Sèvres et Meudon du département de Seine et Oise, etc. ;

Vû , 1.° les rapports du commissaire de police du quartier des marchés et du commissaire des halles et marchés , desquels il résulte que l'emplacement affecté à la foire aux jambons , qui a lieu sur le parvis Notre-Dame , est trop resserré et trop fréquenté, et que la foire serait plus convenablement placée sur le quai de la Vallée ;

2.° La lettre de S. Ex. le ministre des manufactures et du commerce, en date du 19 du présent mois de février , portant qu'elle ne voit aucun inconvénient à ce que la foire aux jambons soit transférée du parvis Notre-Dame sur le quai de la Vallée ;

3.° Les articles 32 et 33 de l'Arrêté du Gouvernement du 12 messidor an VIII,

ORDONNONS ce qui suit:

ART. I.er La foire aux jambons cessera d'avoir lieu sur le parvis Notre-Dame.

II. A compter du mardi 13 avril prochain, elle se tiendra sur le quai de la Vallée, le long du trottoir depuis le Pont-Neuf jusqu'à la rue Pavée.

III. La foire aura lieu, pendant trois jours consécutifs, les mardi, mercredi et jeudi de la semaine Sainte, *depuis le lever jusqu'au coucher du soleil.*

IV. Les charcutiers peuvent y exposer en vente toute espèce de marchandises de leur profession, à l'exception du porc frais. (*Lettres-Patentes du 26 août 1783 , art. 7.*)

V. Les marchands seront placés sur deux rangs, et classés par département.

VI. Il est défendu d'exposer à la foire aucunes marchandises gâtées ou défectueuses.

VII. Les contraventions seront constatés par des procès-verbaux, qui nous seront adressés.

VIII. Il sera pris envers les contrevenans telles mesures de police administrative qu'il appartiendra, sans préjudice des poursuites à exercer contr'eux devant les tribunaux, conformément aux lois et aux réglemens.

IX. La présente Ordonnance sera imprimée, *publiée* et affichée.

Les commissaires de police des quartiers des Marchés et de l'École de Médecine, le commissaire des halles et marchés, et les préposés de la Préfecture sont chargés de tenir la main à son exécution.

Le Conseiller d'État, Préfet, Baron de l'Empire,
Signé, PASQUIER.

Par le Conseiller d'État, Préfet,

Le Secrétaire-général, Chevalier de l'Empire,
Signé, PIIS.

ARRÊTÉ

*Concernant la mise en fourrière des Animaux
saisis ou abandonnés.*

Paris, le 17 mars 1813.

NOUS, Étienne-Denis PASQUIER, officier de la Légion d'honneur, Baron de l'Empire, Conseiller d'État, chargé du 4.e arrondissement de la Police générale, PRÉFET DE POLICE du département de la Seine et des communes de S.-Cloud, Sèvres et Meudon, du département de Seine et Oise, etc.;

ARRÊTONS ce qui suit :

ART. Ier A compter du 20 du présent mois de mars, les animaux saisis ou abandonnés devront être conduits et déposés dans la fourrière de la Préfecture de Police établie *rue Guénégaud*, n.° 31, quartier de la Monnaie.

La fourrière établie chez le sieur Lafosse, quai de la Vallée, n.° 55, est supprimée.

II. Le sieur *Folâtre* est nommé gardien de la fourrière.

III. La ration des animaux, pour *vingt-quatre heures* de séjour, est fixée ainsi qu'il suit :

Pour un cheval {
Douze litres d'avoine. (*Un boisseau ancienne mesure.*)
Une botte de foin.
Deux bottes de paille.

Pour un mulet. {
Un décalitre d'avoine.
Une botte de foin.
Une botte de paille.

Pour un âne. {
Une demi botte de luzerne.
Une botte de paille.
Un décalitre de son.

Pour un bœuf ou une vache, {
Douze litres de son.
Une botte de luzerne.

Pour une chèvre ou un mouton. {
Six litres de son.
Une demi botte de luzerne.

Pour un porc. . . Cinq décalitres de son.

IV. Le gardien de la fourrière sera tenu de diviser la ration des chevaux et de la donner aux heures ci-après ;

SAVOIR :

A six h. du m. {
Quatre litres d'avoine.
Un tiers de botte de foin.
Et une demi botte de paille.

A une heure.	{ Pareille quantité d'avoine. Et une-demi botte de paille.
A sept h. du s.	{ Quatre litres d'avoine. Les deux tiers restans de la botte de foin. Et une botte de paille.

Pour les autres animaux, la ration sera divisée en deux portions égales.

A neuf heures du matin, il en sera donné la moitié ;

Et à sept heures de relevée l'autre moitié.

V. Les animaux saisis ou abandonnés, déposés à la fourrière, seront visités, dans les vingt-quatre heures, par le commissaire de Police du quartier de la Monnaie, qui se fera assister, au besoin, par l'expert vétérinaire de la Préfecture de Police.

VI. Le commissaire de Police nous rendra compte, chaque jour, du résultat de sa visite ; il indiquera dans son rapport, 1.° le nombre et l'espèce des animaux ;

2.° Leur valeur approximative ;

3.° Leur signalement ;

4.° La description des harnois, voitures et autres objets ;

5.° Les jour et heure de la mise en fourrière;

6.° Par qui ils ont été envoyés;

7.° Le montant des frais de garde et nourriture.

VII. Le commissaire de Police s'assurera si les animaux sont nourris et soignés convenablement.

Il veillera à ce que les harnois et autres objets déposés ne puissent se détériorer.

VIII. Il constatera, tous les quinze jours au moins, la qualité des fourrages ; il sera accompagné à cet effet, du commissaire des Halles et Marchés.

IX. Les animaux et autres objets déposés ne seront rendus qu'en vertu d'une autorisation, soit des fonctionnaires qui les auront envoyés en fourrière, soit du chef de la troisième division de nos bureaux, ou du chef du premier bureau de la même division.

Les frais de garde et de nourriture seront préalablement acquittés par le propriétaire.

X. Lorsque les animaux et effets déposés ne seront pas réclamés, ils seront vendus à l'enchère ; sur un marché. Le produit de la vente sera versé dans la caisse de la Préfecture de Police, à la conservation des droits de qui il appartiendra.

Le commissaire de Police provoquera la vente des animaux, harnois et autres objets, pour empêcher leur dépérissement et éviter que les frais de garde et nourriture n'excèdent leur valeur,

XI. A chaque trimestre, il nous proposera, de concert avec le commissaire des Halles et Marchés, le tarif des frais de fourrière, qui sera par nous Arrêté.

XII. Les frais de fourrière jusqu'au 1.er juillet prochain, sont fixés par chaque jour, *savoir* :

Pour un cheval. . . . . . 2 fr. 50 c.
Pour un mulet. 2   »
Pour un âne. 1   10
Pour un bœuf ou une vache. 1   25
Pour une chèvre ou un mouton. » . 60
Pour un porc. 2   »
Pour la garde d'une voiture. . »   25

XIII. Le présent Arrêté sera imprimé.

Il sera adressé aux maires des communes rurales du ressort de la Préfecture de Police, aux commissaires de police, à l'inspecteur général de police, aux officiers de paix, aux chefs de division de service extérieur de la Préfecture de Police, et à l'expert vétérinaire, qui sont chargés d'en assurer l'exécution.

Il en sera transmis un exemplaire à M. le procureur impérial près le tribunal de première instance du département de la Seine, à M. le président du tribunal de commerce, et aux juges de paix.

Le Conseiller d'État, Préfet, Baron de l'Empire,
Signé, PASQUIER.

Par le Conseiller d'État, Préfet,

Le Secrétaire-général, Chevalier de l'Empire,
Signé, PIIS.

ORDONNANCE

Concernant l'instruction et le service des Sapeurs-Pompiers de la ville de Paris.

Paris, le 24 mars 1813.

NOUS, ÉTIENNE-DENIS PASQUIER, Officier de la Légion d'honneur, Baron de

l'Empire, Conseiller d'État, chargé du 4.ᵉ
arrondissement de la Police générale, PRÉFET
DE POLICE du département de la Seine et des
communes de S.-Cloud, Sèvres et Meudon,
du département de Seine et Oise, etc. ;

Considérant, 1.º qu'il importe d'assûrer
l'exécution du décret du 18 septembre 1811,
portant *création d'un corps de Sapeurs-Pompiers
pour la ville de Paris*, et notamment de
l'article 38, ainsi conçu :

« Les Sapeurs-Pompiers seront instruits par
« leurs officiers et sous-officiers, dans les
« manœuvres nécessaires pour éteindre les
« incendies, et au service des pompes établies
« sur bateaux pour la sûreté des approvision-
« nemens en combustibles garés sur la rivière.

« Ils seront également occupés dans les
« casernes, sous les ordres de l'ingénieur et
« la surveillance des capitaines et autres
« officiers, à l'entretien et réparation des
« pompes, sceaux, tuyaux et autres agrés
« servant à l'extinction des incendies.

« Ils seront, de plus, instruits du ma-
« niement des armes et des manœuvres de

« l'infanterie, jusques et compris l'école de
» bataillon. »

2.° Que l'art de prévenir et d'arrêter les
incendies est l'objet principal du bataillon des
Sapeurs-Pompiers, et que leur instruction,
dans cette partie sur-tout, doit être suivie
avec un soin particulier;

ORDONNONS ce qui suit :

ART. I.er   A compter du 15 avril jusqu'au
15 octobre, l'exercice des pompes et les
manœuvres nécessaires pour arrêter les incendies, auront lieu les *lundi, mardi, mercredi,
vendredi* et *samedi*, depuis *six* heures du
matin jusqu'à *neuf*.

Pendant le reste de l'année, ces exercices
commenceront à *huit* heures du matin et
finiront à *dix* heures.

L'exercice des armes et manœuvres de l'infanterie auront lieu les *dimanche* et *jeudi*,
aux heures ci-dessus déterminées.

II. En exécution de l'article précédent, le
chef de bataillon commandera, tous les jours,
une compagnie pour faire les exercices et
manœuvres prescrites par l'article 38 du décret
du 13 septembre 1811.

III. Aucun Sapeur-Pompier ne pourra être dispensé de se trouver aux manœuvres des pompes, au maniement des armes et à l'exercice de l'infanterie.

Les Sapeurs qui n'ont pas atteint l'âge requis pour la conscription, sont tenus de faire les mêmes exercices que les sapeurs entrôlés.

Les autres sapeurs, qui ne sont dans le corps qu'à titre d'auxiliaires, pourront s'abstenir de l'exercice des armes et manœuvres de l'infanterie.

IV. Pour faire connaître aux sapeurs-pompiers, les points d'un bâtiment qu'il conviendrait d'attaquer, en cas d'incendie, l'architecte-commissaire de la petite voirie, remettra au chef de bataillon, la note des bâtimens dont la démolition sera ordonnée.

L'ingénieur et l'adjudant major conduiront sur les lieux, les sapeurs-pompiers et leur donneront des leçons.

V. L'adjudant-major se rendra, tous les jours, aux exercices et manœuvres relatifs aux incendies; il y commandera des attaques de feu simulées.

Il veillera à ce que les manœuvres soient exécutées d'une manière uniforme par tout le bataillon.

VI. L'ingénieur assistera aux manœuvres des pompes, à l'effet de constater les réparations dont elles seront susceptibles ; il en dressera un devis estimatif, qui nous sera transmis par le chef de bataillon.

VII. A la fin de chaque mois, l'adjudant-major nous remettra la liste des officiers, sous-officiers et sapeurs-pompiers qui se seront rendus exactement à l'exercice des pompes et aux manœuvres pour arrêter les incendies, et qui auront montré le plus de zèle et d'intelligence. Il désignera ceux qui y auront manqué.

Il en remettra un double au chef de bataillon.

VIII. L'adjudant-major rédigera un manuel pour l'instruction des sapeurs-pompiers et la manœuvre des pompes ; il nous en soumettra le projet dans un mois, à compter de ce jour.

IX. Dans le même délai, l'ingénieur nous remettra un dessin de chaque espèce de pompes et des pièces qui les composent,

X. Le chef de bataillon viendra ou nous enverra, tous les jours à quatre heures de relevée, l'adjudant-major ou, en son absence, un autre officier du bataillon, pour prendre *le mot d'ordre*, et nous remettre la feuille de service du jour.

XI. Aucun sapeur-pompier, hors le cas de maladie constatée par le chirurgien-major, ne peut être dispensé de faire son service.

XII. Il ne sera accordé aucune permission de travailleur sans notre autorisation.

Les capitaines proposeront les sapeurs auxquels ils pourra en être délivré ; à cet effet, ils en remettront, le premier de chaque mois, la liste par eux certifiée, au chef de bataillon, qui nous la transmettra.

XIII. L'ingénieur et l'adjudant-major feront, toutes les semaines, la visite des postes et dépôts, à l'effet de constater l'état des pompes, agrès, tonneaux et paniers à incendie ; ils remettront leur rapport, au chef de bataillon, qui nous le transmettra.

En cas de partage d'opinion, ils feront séparément leur rapport, qui nous sera adressé avec l'avis du chef de bataillon.

XIV. Il sera fait, chaque jour et pendant la nuit, des rondes d'officiers dans les postes de sapeurs-pompiers.

Le chef de bataillon déterminera les heures auxquelles elles auront lieu.

Elles seront faites par les capitaines et les lieutenans, chacun à son tour.

XV. Les chefs de poste recevront une feuille, sur laquelle ils feront mention des événemens relatifs aux incendies, et de ceux qui pourront intéresser l'ordre public.

Dans leurs rondes, les officiers signeront ces feuilles, et ils y énonceront l'heure de leur passage.

Les feuilles seront remises, tous les jours, au chef de bataillon, qui nous les transmettra immédiatement.

XVI. A leur arrivée, dans un poste ou dans une salle de spectacle, les officiers ou chefs de poste examineront les pompes, seaux, robinets, sonnettes et agrés.

Ils veilleront à ce que le tout soit en bon état.

XVII. Les sapeurs-pompiers empêcheront que les abords des pompes et robinets soient embarrassés, notamment dans les salles de spectacle.

XVIII. Le service des sapeurs-pompiers dans les spectacles, continuera d'avoir lieu conformément à notre arrêté du 9 mai 1812.

XIX. Dans les salles de spectacle, il sera procédé, tous les mois, à la visite des pompes et agrès destinés à arrêter les incendies.

Cette visite sera faite, le premier mercredi du mois, dans les salles de l'Académie impériale de musique, des Théâtres Français et de l'Opéra comique.

Elle sera faite, le premier lundi du mois, dans les Théâtres des Variétés, de l'Ambigu et de la Gaîté.

Elle aura lieu, le premier vendredi du mois, dans les Théâtres de l'Odéon, du Vaudeville et du Cirque Olimpique.

XX. La visite prescrite par l'article précédent, sera faite par le commissaire de police du quartier, assisté du chef de bataillon, de l'adjudant-major et de l'ingénieur.

Le commissaire de police recevra les dires et observations de chacun d'eux sur l'état des pompes ; il les insérera dans son procès-verbal, qu'il nous transmettra sans retard.

XXI. L'eau des réservoirs sera renouvellée autant que besoin sera.

XXII. Pour la visite des sapeurs-pompiers malades, qui demeurent dans différens quartiers de Paris, les sergens-majors enverront, tous les jours avant midi, chez le chirurgien-major, les noms et l'adresse des sapeurs malades.

Ils en enverront copie à l'adjudant-major qui en rendra compte au chef de bataillon.

Les sapeurs qui n'auront que de légères indispositions, se rendront, avant midi, chez le chirurgien-major.

Après que le chirurgien-major les aura visités, il en fera son rapport au chef de bataillon.

XXIII. Le chirurgien-major nous fera connaître les hommes qui pourraient être attaqués de maladies incurables.

XXIV. Il nous dressera, *tous les lundis*, un état certifié des sapeurs qu'il aura reconnus, à raison de leur maladie, hors d'état de faire

leur service ; il distinguera ceux qui seront
entrés à l'hôpital.

Il en enverra copie au chef de bataillon et
à l'inspecteur aux revues.

XXV. L'adjudant-major nous adressera,
chaque mois, un état certifié des sapeurs-
pompiers qui n'auront point fait le service ;
il en remettra un double au chef de bataillon.

XXVI. Les sapeurs-pompiers qui n'auront
point fait le service seront privés de leur solde,
sans préjudice des peines déterminées par les
réglemens militaires.

Les capitaines en remettront la liste certifiée au chef de bataillon pour être par lui
envoyée à l'inspecteur aux revues.

Ils nous transmettront un double de cette
liste.

XXVII. Le chef de bataillon, les capitaines, l'ingénieur et l'adjudant-major, ne pourront s'absenter de Paris, même pendant une
seule nuit, sans notre autorisation.

XXVII. A l'expiration de chaque trimestre,
il nous sera remis un contrôle des compagnies, certifié, tant par le capitaine que par
l'adjudant-major, visé par le chef de bataillon.

XXIX. La consigne approuvée par notre arrêté du 11 juillet 1812, concernant l'ordre du service, *notamment en cas d'incendie*, continuera de recevoir son exécution.

XXX. En cas d'avancement de grade ou de nomination d'un sous-officier, le chef de bataillon, d'après la proposition du capitaine, nous présentera ceux qui y auront le plus de droit.

XXXI. L'adjudant-major tiendra un registre des punitions infligées aux sous-officiers et sapeurs-pompiers ; il y énoncera le motif de la punition, le jour de l'entrée et celui de la sortie de prison : il nous en remettra, tous les mois, un état certifié de lui et visé par le chef de bataillon.

XXXII. Aucun sapeur-pompier ne sera rayé des contrôles du bataillon que d'après notre décision.

Les congés pour réforme ou pour toute autre cause que ce soit, seront accordés par nous, d'après l'avis du chirurgien-major, du capitaine et du chef de bataillon.

Ils seront visés par l'inspecteur aux revues.

XXXIII. Il est défendu aux sapeurs-pompiers ou autres maîtres d'escrime ou maîtres d'armes, de donner des leçons dans les casernes et dans les corps-de-garde des sapeurs-pompiers.

XXXIV. Le chef de bataillon, les capitaines et ingénieur, le chirurgien-major, l'adjudant-major et les autres officiers, sont chargés, chacun en ce qui le concerne, de tenir la main à l'exécution de la présente Ordonnance, qui sera imprimée et affichée dans les casernes et les postes des sapeurs-pompiers.

Elle sera transcrite sur le registre d'ordre de l'état-major; elle sera lue par les capitaines, à la tête de leurs compagnies.

Ampliation en sera adressée au directeur du génie de Paris, et à l'inspecteur aux revues.

Le Conseiller d'État, Préfet, Baron de l'Empire,
Signé, PASQUIER.

Par le Conseiller d'État, Préfet,

Le Secrétaire-général, Chevalier de l'Empire,
Signé, PIIS.

ORDONNANCE

Concernant le repéchage des Bois de chauffage sur les rivières, dans le ressort de la Préfecture de Police.

Paris, le 1.er avril 1813.

NOUS, ÉTIENNE-DENIS PASQUIER, Officier de la Légion d'honneur, Baron de l'Empire, Conseiller d'État, chargé du 4.e arrondissement de la Police générale, PRÉFET DE POLICE du département de la Seine et des communes de S.t-Cloud, Sèvres et Meudon, du département de Seine et Oise, etc. ;

Vû les articles 1 et 52 de l'Arrêté du gouvernement du 12 messidor an VIII, et les articles 1 et 2 de celui du 5 brumaire an IX ;

ORDONNONS ce qui suit :

ART. I.er Le repéchage des bois de chauffage sera fait, *dans le ressort de la Préfecture de Police*, par des préposés nommés par nous, sur la présentation du commerce des bois.

II. Les commissions ne seront valables que pour un an.

En cas de révocation, ou de démission, les commissions seront remises à l'agent-général du commerce.

III. Les commissions délivrées jusqu'à ce jour sont annullées. Il est enjoint aux préposés qui en étaient pourvus, de les rapporter à la Préfecture de Police, ou de les remettre à l'agent-général du commerce, dans huit jours, à compter de celui de la publication de la présente Ordonnance.

IV. Le service des préposés au repêchage sera réglé par le commerce.

V. Leur salaire sera fixé de gré à gré entr'eux et le commerce.

VI. Les préposés au repêchage ne pourront appliquer à leur profit, aucuns bois repêchés.

VII. Il est défendu à toutes personnes, autres que les préposés, de repêcher des bois.

Il est également défendu d'acheter ou de cacher des bois qui auraient été repêchés, *sous peine d'être poursuivi et puni comme voleur.*

(*Ordonnance du* 18 *avril* 1758.)

VIII. Néanmoins, en cas de naufrage de

trains ou de bateaux, il est permis de repêcher les bois ; mais il est enjoint à tous
ceux qui auront repêché des bois, des débris
de bateaux, des marchandises ou autres objets
naufragés, d'en faire la déclaration dans les
vingt-quatre heures, savoir :

Dans Paris, aux commissaires de police,
ou à l'inspecteur-général ou aux inspecteurs-
particuliers de la navigation et des ports.

Dans les communes rurales, aux maires,
ou à la gendarmerie, qui nous en donneront
connaissance.

Ceux qui s'attribueraient, cacheraient ou
vendraient en totalité ou en partie, des objets
repêchés, seront ainsi que les acheteurs ou
recéleurs, poursuivis suivant la rigueur des lois.

(*Ordonnances des* 11 *janvier* 1741 *et* 25
février 1784.)

IX. Il sera pris envers les contrevenans
aux dispositions ci-dessus, telles mesures de
police administrative qu'il appartiendra, sans
préjudice des poursuites à exercer contr'eux
devant les tribunaux, conformément aux lois
et réglemens.

X. La présente Ordonnance sera imprimée, *publiée* et affichée.

Les sous-préfets des arrondissemens de S.-Denis et de Sceaux, les maires et adjoints des communes rurales, les commissaires de police à Paris, l'inspecteur-général de police, les officiers de paix, l'inspecteur-général de la navigation et des ports, et les préposés de la Préfecture de Police sont chargés, chacun en ce qui le concerne, d'en surveiller l'exécution.

Le Conseiller d'État, Préfet, Baron de l'Empire,
Signé, PASQUIER.
Par le Conseiller d'État, Préfet,
Le Secrétaire-général, Chevalier de l'Empire,
Signé, PIIS.

ORDONNANCE

Concernant l'ordre à suivre lors du défilé des voitures qui iront à Long-Champ.

Paris, le 13 avril 1813.
Voyez pour cette Ordonnance, *tome VIII,* page 29.

ORDONNANCE

Concernant les Bains dans la rivière, et les Écoles de Natation.

Paris, le 14 avril 1813.

Voyez pour cette Ordonnance, tome *VIII*, page 256.

ORDONNANCE

Concernant les chiens errans.

Paris, le 3 mai 1813.

NOUS, Étienne-Denis PASQUIER, Officier de la Légion d'honneur, Commandeur de l'Ordre impérial de la Réunion, Baron de l'Empire, Conseiller d'État, chargé du 4.ᵉ arrondissement de la Police générale, Préfet de Police du département de la Seine, et des communes de S.-Cloud, Sèvres et Meudon du département de Seine et Oise, etc.;

Considérant que, depuis quelque temps, les accidens causés par les chiens errans se sont multipliés;

Vû le paragraphe 7 de l'article 475 du Code Pénal, les articles 22 et 23 de l'Arrêté du Gouvernement, du 12 messidor an VIII, et l'article 1.er de l'Arrêté du 3 brumaire an IX,

ORDONNONS ce qui suit :

ART. I.er Les marchands-forains, fréquentant les halles et marchés, les blanchisseurs et autres qui sont dans l'usage d'amener des chiens avec eux, les tiendront attachés sous leurs voitures.

Les autres chiens devront être enfermés, muselés ou conduits en laisse.

II. Les mesures prescrites pour la destruction des *chiens errans* seront sévèrement exécutées.

III. La présente Ordonnance, sera imprimée, *publiée* et affichée.

Les commissaires de police, l'inspecteur-général de police, les officiers de paix, l'inspecteur-général de la salubrité et les préposés de la Préfecture de Police sont chargés de tenir la main à son exécution.

Le Conseiller d'État, Préfet, Baron de l'Empire,
Signé, PASQUIER.

Par le Conseiller d'État, Préfet,

Le Secrétaire-général, Chevalier de l'Empire,
Signé, PIIS.

ORDONNANCE

Concernant les Fiacres et les Cabriolets de place de l'intérieur de Paris.

Paris, le 4 mai 1813.

NOUS, ÉTIENNE-DENIS PASQUIER, Officier de la Légion d'honneur, Commandeur de l'Ordre impérial de la Réunion, Baron de l'Empire, Conseiller d'État, chargé du 4.ᵉ arrondissement de la Police générale, PRÉFET DE POLICE du département de la Seine et des communes de S.-Cloud, Sèvres et Meudon du département de Seine et Oise, etc. ;

Vû les articles 2, 22 et 31 de l'Arrêté

du Gouvernement du 12 messidor an VIII,
et l'article 1.er de celui du 3 brumaire an IX ;

Vû le décret impérial du 9 juin 1808 ;

ORDONNONS ce qui suit :

§ I.er

Des Voitures de place.

ART. I.er Avant le 1.er juin prochain,
les propriétaires de fiacres et de cabriolets de
place de l'intérieur de Paris, devront faire à
la Préfecture de Police, une nouvelle déclaration de leurs voitures.

II. Dans un mois, à compter du 1.er juin,
le numérotage des fiacres et des cabriolets de
place de l'intérieur et les permis de stationnement seront renouvellés.

III. Le numérotage sera adjugé au rabais,
par voie de soumissions cachetées, à la Préfecture de Police, en présence de trois loueurs
par nous désignés à cet effet.

IV. Il est défendu aux loueurs et à tous
autres de s'immiscer dans le numérotage des
voitures, en quelque temps et sous quelque
prétexte que ce soit.

V. Tout loueur de carrosses et de cabriolets de place sera tenu, dans le délai fixé par l'article II, de se présenter à la Préfecture de Police, pour obtenir le numéro et le permis de stationnement de chacune de ses voitures.

VI. Ce délai passé, aucun loueur ne pourra faire stationner des voitures dont le numéro et le permis n'auraient pas été renouvellés.

VII. Les numéros seront placés dans la partie supérieure du panneau de derrière et sur les deux panneaux de côté de chaque voiture.

Ils seront peints à l'huile, en noir, sur un écusson blanc et en chiffres arabes, suivant les dimensions qui seront déterminées.

Ils seront peints aussi sur une tablette en fer battu, ayant 13 centimètres de long sur 7 centimètres de hauteur, laquelle sera fixée à vis et écrou, dans l'intérieur de chaque voiture.

VIII. Les nouveaux numéros ne pourront être effacés ni changés sans notre autorisation.

IX. Les nouveaux numéros et permis de

stationnement ne seront accordés qu'après visite des chevaux, voitures et harnois.

X. Cette visite sera faite par le commissaire de police du quartier, assisté d'un officier de paix et de l'expert vétérinaire de la Préfecture de Police.

Il en sera dressé procès-verbal qui nous sera transmis.

XI. Il sera constaté par le procès-verbal,

1.º Si chaque voiture est construite avec la solidité convenable dans toutes ses parties ;

2.º Si les harnois sont en bon état ;

3.º Si les chevaux sont propres au service.

XII. Il sera fait annuellement de pareilles visites dans les mois d'avril et d'octobre.

Les voitures visitées seront marquées.

XIII. Il sera fait en outre, par les commissaires de police, et aux mêmes fins, de fréquentes visites chez les loueurs de leurs quartiers respectifs.

XIV. Dans le cas où ils trouveraient des voitures en mauvais état, ils pourront provisoirement en interdire l'usage.

XV. Les procès-verbaux de visite nous seront transmis dans les vingt-quatre heures.

Il y sera fait mention des voitures interdites et des causes de leur interdiction.

XVI. L'expert vétérinaire de la Préfecture de Police fera également de fréquentent visites chez les loueurs à l'effet de s'assûrer de l'état de leurs chevaux.

Il nous fera connaître les loueurs qui auraient des chevaux incapables de servir.

XVII. Dans le cas où il trouverait chez les loueurs, des chevaux atteints de maladies contagieuses, il requerra le commissaire de Police, de s'y transporter et d'en dresser procès-verbal.

XVIII. Si la maladie n'est pas contestée, le cheval qui en sera atteint, sera marqué pour être livré à l'écarissage.

En cas de contestation, il nous en sera référé.

Provisoirement, le cheval sera déposé dans un lieu séparé.

XIX. Les voitures stationnant sur place, qui seront reconnues en mauvais état, seront envoyées sur-le-champ à la fourrière de la Préfecture de Police.

XX. A l'avenir, il ne sera point accordé

de permis de stationnement pour des carrosses, s'ils ne sont construits en forme de berlines.

XXI. Les voitures coupées dites *diligences ou trois quarts*, dont les numéros et permis de stationnement auront été renouvellés, conformément à l'article 2, continueront à être mises sur place, tant qu'elles seront reconnues en état de solidité convenable.

§ I I.

Des Loueurs.

XXII. Il ne sera accordé de permis à aucun loueur, s'il ne présente une garantie suffisante à l'autorité et au public.

XXIII. Tout loueur est tenu de placer au-dessus de la porte de son établissement, un tableau indicatif de ses noms et profession.

XXIV. Aucun carrosse ou cabriolet de place ne pourra être vendu sans une déclaration préalable à la Préfecture de Police, tant par le vendeur que par l'acheteur.

XXV. Il est défendu aux loueurs de prêter leurs noms à qui que ce soit, pas même aux acquéreurs de leurs équipages et chevaux, pour faire stationner et circuler des carrosses ou cabriolets.

XXVI. Les loueurs ne pourront mettre sur place que des voitures en bon état.

Il leur est défendu d'employer des chevaux vicieux, trop faibles ou atteints de maladies.

XXVII. Les loueurs ne pourront se servir que de cochers porteurs d'un livret délivré par la Préfecture de Police, et d'une carte de sûreté ou permis de séjour.

XXVIII. Tout loueur de voitures, en prenant un cocher, est tenu d'inscrire, sur son livret, la date de son entrée à son service.

XXIX. Chaque loueur tiendra un registre sur lequel il inscrira de suite les noms et domicile de chacun de ses cochers, et le numéro de la voiture qu'il lui aura donné à conduire.

XXX. Les loueurs remettront à chacun de leurs cochers ou conducteurs, le livret de maître contenant la présente Ordonnance, le numéro et le permis de stationnement de la voiture qu'ils lui auront confiée.

XXXI. Tout cocher prévenu de délit, contravention ou dommages, doit être représenté par le loueur qui l'employe, à la Préfecture de Police.

S'il ne peut être représenté, le loueur sera tenu de faire, dans le jour, à la Préfecture, le dépôt de son livret.

Si le livret n'est pas déposé, il pourra être consigné une ou plusieurs des voitures du loueur.

XXXII. Les voitures et chevaux qui, pour raison de délit, contravention ou dommages, commis ou causés par un cocher ou conducteur, auront été mis en fourrière, pourront être rendus au loueur auquel ils appartiennent, si la garantie civile est suffisamment assurée à son égard.

XXXIII. Lorsqu'un cocher quittera le service d'un loueur, celui-ci sera tenu d'inscrire, sur le livret du cocher ou conducteur, un congé d'acquit, avec mention de la date de sa sortie.

Le loueur est tenu d'envoyer le livret à la Préfecture, dans les vingt-quatre heures.

XXXIV. Dans le cas où un loueur refuserait le congé d'acquit, il sera tenu de déposer, dans le jour, le livret du cocher à la Préfecture et d'y faire connaître les motifs de son refus, pour être statué par nous.

XXXV. Aucunes dettes, autres que celles des cochers envers les loueurs, ne peuvent être inscrites sur les livrets des cochers.

§ I I I.

Des Cochers.

XXXVI. Tout cocher ou conducteur doit être inscrit à la Préfecture de Police et y avoir obtenu un livret.

XXXVII. Aucun cocher ne sera inscrit s'il n'est âgé aumoins de 18 ans , et s'il n'est porteur d'une carte de sûreté ou permis de séjour.

XXXVIII. Les livrets délivrés aux cochers et conducteurs des voitures de place, resteront en dépôt à la Préfecture de Police , jusqu'à ce que les cochers ou conducteurs ayent trouvé à se placer.

XXXIX. Lorsqu'un cocher ou conducteur aura quitté le service d'un loueur, son livret restera déposé à la Préfecture de Police, jusqu'à ce qu'il ait trouvé du service chez un autre loueur.

XL. En échange des livrets déposés aux termes des deux articles précédens, il sera délivré aux cochers ou conducteurs un bulletin de dépôt.

Ce bulletin sera rapporté, dans le jour, par le loueur chez lequel ils auront pris du service.

XLI. Les livrets ne seront remis qu'aux loueurs au service desquels entreront les cochers ou conducteurs.

Les loueurs retiendront les livrets entre leurs mains.

XLII. Tout cocher ou conducteur conduisant une voiture doit être muni, 1.° du livret de maître contenant le numéro, le permis de stationnement et la présente Ordonnance; 2.° de sa carte de sûreté ou permis de séjour.

XLIII. Aucun cocher ne peut quitter le service d'un loueur sans l'avoir prévenu cinq jours d'avance.

Le loueur sera tenu d'en faire mention sur le livret du cocher.

XLIV. Les loueurs ne peuvent être forcés de recevoir plus d'un congé le même jour.

XLV. Tout cocher ou conducteur en quittant le service d'un loueur, lors même que le loueur lui aurait refusé un congé d'acquit, est tenu de lui remettre le livret de maître contenant le permis de stationnement de la voiture qu'il était chargé de conduire.

XLVI. Toute coalition tendante à imposer des conditions aux loueurs, est défendue aux cochers sous les peines de droit.

XLVII. Tout apprenti devra être muni d'une permission délivrée par nous.

Cette permission ne lui sera donnée que sur le certificat de son maître.

XLVIII. Les apprentis ne pourront jamais conduire seuls.

XLIX. Les apprentis ne pourront monter sur le siège pendant la nuit.

§ I V.

Stationnement, Louage et Conduite.

L. Il est défendu aux loueurs, cochers et conducteurs de faire stationner leurs voitures, sous quelque prétexte que ce soit, ailleurs que sur les places à ce affectées, à moins que leurs voitures ne soient louées.

LI. Il est défendu de faire stationner aucune voiture sur la place de la rue de la Féronnerie avant neuf heures du matin, du 1.er avril au 1.er octobre, et avant dix heures, du 1.er octobre au 1.er avril.

Aucune voiture de louage ne peut stationner sur cette place après minuit.

LII. Dans les rues et places de stationnement, il est enjoint aux cochers et conducteurs de laisser, entre les voitures et les maisons, un passage libre pour la circulation.

LIII. Les cochers et conducteurs se tiendront sur leur siège ou à la tête de leurs chevaux. Ils conserveront le rang de leur arrivée aux places de stationnement.

Il leur est défendu d'interrompre la file de stationnement.

LIV. Aucun cocher ou conducteur de voiture stationnée sur une place de louage, ne peut, sous quelque prétexte que ce soit, se refuser à marcher à toute réquisition.

LV. Il est défendu à tout cocher de

carosse de place, de laisser conduire par qui que ce soit, même par un autre cocher.

LVI. Il est défendu aux cochers de laisser monter qui que ce soit sur leur siége, à l'exception des apprentis autorisés.

LVII. Les cochers ne pourront être contraints de recevoir, dans leurs voitures, plus de quatre personnes et un enfant.

LVIII. Il est défendu à tout conducteur de cabriolet de le laisse conduire par des femmes ou des enfans, à peine, contre le propriétaire du cabriolet, d'être privé de son permis de stationnement et sans préjudice de le garantie civile en cas de délit, contravention, ou dommages.

LIX. Il est défendu aux cochers et conducteurs de traverser les halles du centre avant dix heures du matin.

Ils ne doivent, en aucun temps, traverser la place des Innocens.

LX. Les cochers et conducteurs en traversant les halles et marchés, ne doivent conduire leurs chevaux qu'au pas.

LXI. Les loueurs et conducteurs de cabriolets

sont tenus d'attacher au col de leurs chevaux, un fort grelot mobile.

LXII. Il est enjoint aux cochers et conducteurs de visiter immédiatement après chaque course, l'intérieur de leurs voitures, et de remettre aux personnes qu'ils auront conduites, les effets qu'elles y auraient laissés.

Dans le cas où cette remise serait impossible, il leur est enjoint de faire, dans le jour, le dépôt de ces effets à la Préfecture de Police.

LXIII. Il est défendu aux cochers et conducteurs de circuler à vide, soit de jour, soit de nuit, pour offrir leurs voitures.

§ V.

Tarif du Louage.

LXIV. Le prix des courses, pour les carrosses de place, continuera d'être réglé ainsi qu'il suit :

Pour chaque course. . . . . 1 fr. 50 c.

Pour la première heure. . . . . . 2 »

Pour chacune des heures suivantes, 1 50

Pour aller à Bicêtre, ... 4 »

Pour aller à Bicêtre, y rester une
   heure et revenir, ... 6 »

(56)

LXV. Les cochers pris après minuit, soit à la
course, soit à l'heure, recevront le double
des prix fixés par l'article précédent.

LXVI. Il sera payé au conducteur d'un
cabriolet, pris sur place pour circuler dans
Paris :

Pour chaque course. . . . . . . 1 fr. » c.
Pour la première heure. 1   25
Pour chacune des suivantes. . 1   »

LXVII. Tout cocher ou conducteur qui
aura été appelé et qui sera renvoyé sans être
employé, recevra le prix d'une demi-course
pour indemnité de son déplacement.

LXVIII. Tout cocher ou conducteur qui,
dans une course, aura été détourné de son
chemin, est censé avoir été pris à l'heure
et doit être payé en conséquence.

LXIX. Les cochers se feront payer d'avance,
lorsqu'ils conduiront des personnes aux spectacles, bals et lieux de réunions ou divertissemens publics.

§ VI.

Dispositions générales.

LXX. Tout cocher ou conducteur est

tenu de représenter le livret contenant le n.°, le permis de stationnement et la présente Ordonnance, à toute requisition des préposés de la police et de l'administration des droits réunis, ainsi que des personnes qui auront fait usage de sa voiture.

LXXI. Les loueurs, cochers et conducteurs sont tenus, lorsqu'ils changeront de domicile, d'en faire au moins huit jours d'avance, leur déclaration à la Préfecture de Police.

LXXII. Les contraventions à la présente Ordonnance seront constatées, soit par des procès-verbaux, soit par des rapports des officiers de paix et des préposés de la Préfecture de Police.

LXXIII. Il sera pris envers les contrevenans, telles mesures de *police administrative* qu'il appartiendra, sans préjuce des poursuites à exercer contr'eux devant les tribunaux.

LXXIV. La présente Ordonnance sera imprimée, *publiée* et affichée.

Les commissaires de police, l'inspecteur-général de police, les officiers de paix, et les préposés de la Préfecture sont chargés d'en surveiller l'exécution.

Le Conseiller d'État, Préfet, Baron de l'Empire,
Signé, PASQUIER.

Par le Conseiller d'État, Préfet,

Le Secrétaire-général, Chevalier de l'Empire,
Signé, PIIS.

ORDONNANCE

Concernant le placement des voitures des marchands-forains qui approvisionnent les halles du centre.

Paris, le 19 mai 1813.

NOUS, ÉTIENNE-DENIS PASQUIER, etc.

Vû les articles 2 et 22 de l'Arrêté du Gouvernement du 12 messidor an 8,

ORDONNONS ce qui suit :

ART. I.er Il est défendu aux marchands-forains, jardiniers et maraîchers qui approvisionnent les halles du centre *en fruits, légumes et verdure,* et aux marchands de son, grains et grenailles qui approvisionnent la halle au bled, de faire stationner leurs voitures dans les rues, sur les ponts, quais et places publiques.

II. Les marchands-forains de fruits, les jardiniers et maraichers, les marchands de son, grains et grenailles feront retirer leurs voitures des carreaux des halles et des environs de la halle au bled, aussitôt après leur déchargement.

III. Celles de ces voitures qui devront rester en stationnement, seront conduites dans l'emplacement des maisons démolies rues du Four et les Prouvaires, dans les terrains clos de S.-Magloire, ou tous autres, de manière qu'il n'en reste aucune sur la voie publique.

IV. Il est défendu de placer des chevaux à l'attache dans les rues et places, et notamment sur la place Gatine.

Néanmoins les marchands-forains qui sont dans l'usage de mettre leurs bêtes de somme à l'attache dans la rue de l'Aiguillerie, pourront continuer à les y placer.

V. Les marchands de fromages sont tenus d'envoyer leurs voitures dans les terrains des rues du Four ou des Prouvaires, ou dans tous autres terrains clos.

Il leur est défendu de les faire stationner dans la halle à la viande et partout ailleurs.

VI. Les voitures des marchands de beurre et œufs stationneront dans la rue du Jour.

VII. Les voitures des marchands de pois et haricots verts stationneront jusqu'à huit heures du matin dans les rues Française et Mauconseil, depuis la rue Verdelet jusqu'à la rue Montorgueil.

Passé huit heures, celles qui seront stationnées sur la voie publique, seront conduites dans les terrains clos.

VIII. Les voitures des marchands de marée et d'huîtres seront placées dans la rue Montorgueil, depuis la rue Tiquetonne jusqu'à la rue du Cadran.

IX. Les voitures stationnées sur la voie publique seront dételées, et, autant que faire se pourra, engerbées.

X. Il est défendu aux boulangers, bouchers et charcutiers qui approvisionnent les halles, de laisser stationner leurs voitures sur aucun point de la voie publique.

XI. Les voitures ci-après désignées seront retirées des lieux de stationnement, savoir:

Celles des marchands de beurre et œufs, une heure après la fermeture de la vente en gros.

Celles des marchands de pois et haricots verts, au fur et à mesure des ventes.

Celles des marchands de marée et d'huîtres, à midi au plus tard en été, et à deux heures au plus tard en hiver.

XII. Il est défendu aux marchands-forains, et notamment aux marchands de beurre, œufs, marée et huîtres, de faire amener sur les points de stationnement des meubles, effets et marchandises quelconques, pour en faire le chargement.

XIII. Les aubergistes et gardiens auxquels les marchands-forains confient la garde de leurs chevaux et voitures, sont garans envers eux des contraventions à la présente Ordonnance.

XIV. Les garçons d'auberge sont tenus de se pourvoir de livrets de domestiques.

XV. Il est défeudu aux garçons d'auberge de se servir de fouets pour conduire les chevaux.

XVI. Les garçons d'auberge se conformeront aux Réglemens de Police sur la conduite des chevaux aux abreuvoirs.

XVII. Les précédentes Ordonnances continueront à recevoir leur exécution en tout ce qui n'est pas contraire aux dispositions de la présente.

XVIII. Les contraventions seront constatées par des procès-verbaux , qui nous seront adressés.

XIX. Il sera pris envers les contrevenans , et notamment envers les aubergistes, telles mesures de police administrative qu'il appartiendra, sans préjudice des poursuites à exercer contr'eux devant les tribunaux.

XX. La présente Ordonnance sera imprimée, publiée et affichée.

Elle sera en outre notifiée à chacun des aubergistes qui reçoivent en garde des chevaux et voitures de marchands-forains, par le commissaire de police du quartier des Marchés.

XXI. Les commissaires de police, l'inspecteur-général de Police, les officiers de

paix, le commissaire des halles et marchés,
et les préposés de la Préfecture de Police,
sont chargés de tenir la main à son exécution.

Le Conseiller d'État, Préfet, Baron de l'Empire,
Signé, PASQUIER.

Par le Conseiller d'Etat, Préfet,

Le Secrétaire-général, Chevalier de l'Empire,
Signé, PIIS.

ORDONNANCE

Concernant des mesures de police relatives au Te Deum qui sera chanté dimanche prochain 23 mai.

Paris, le 21 mai 1813.

NOUS, ÉTIENNE-DENIS PASQUIER, etc.

Vû le cérémonial pour le *Te Deum* qui sera chanté dans l'église métropolitaine de Paris, le 23 mai présent mois, à l'occasion de la victoire de *Lutzen*.

Vû le programme des jeux, exercices et divertissemens publics qui auront lieu le même jour ;

(64)

Vû les lettres de S. Ex. le ministre de l'intérieur, et de S. Ex. le grand-maître des cérémonies ;

Vû les articles 20, 21 et 22 de l'Arrêté du Gouvernement du 12 messidor an VIII ;

Ordonnons ce qui suit :

Art. Ier Les représentations gratuites qui auront lieu dans les spectacles, samedi 22 mai, commenceront *toutes à quatre heures et demie* du soir.

Les portes seront ouvertes au public à *quatre heures*.

II. Le dimanche 23 mai, la voie publique sera balayée à six heures du matin, et les boues et immondices seront enlevées au plus tard à huit heures.

L'arrosement sera terminé à dix heures.

III. Le dimanche 23 mai, à compter de dix heures du matin, la circulation et le stationnement des voitures autres que celles des personnes qui se rendront à la métropole seront interdits, savoir :

Pour la rive droite de la rivière, à partir du pont Marie, dans les rues des Nonain-dières, de Jouy, Saint-Antoine, la place

Baudoyer, le marché S. Jean, la rue de la Verterie, celles Ste-Avoye et du Temple; et à partir de cette rue, sur les boulevarts du nord, dans les rues du faubourg Saint-Honoré, du faubourg du Roule jusqu'à la barrière du Roule depuis cette barrière jusqu'à celle de Passy; et depuis la barrière de Passy, sur les quais qui bordent la rive droite de la Seine jusqu'au pont Marie; dans toutes les parties de la voie publique comprises dans cette enceinte.

Pour la rive gauche, dans toutes les parties de la voie publique enclavées par le quinconce des Invalides, le boulevart du midi jusqu'à la rue de Vaugirard, la rue de Vaugirard, des Francs-Bourgeois, la place S.-Michel, la rue de la Harpe jusqu'à celle des Mathurins, la rue des Mathurins, la rue S.-Jacques jusqu'à celle des Noyers, la rue des Noyers, la rue de Bièvre et le quai des Miramionnes; et sur les quais de la rive gauche, à partir du quai des Miramionnes jusqu'au quinconce des Invalides.

IV. Les voitures qui arriveront par la route d Sèvres seront dirigées par Vaugirard.

Celles qui arriveront par les routes de Neuilly et de S.-Germain ne pourront entrer dans Paris que par les barrières de Clichy ou du faubourg Montmartre.

V. Les voitures des Corps qui assisteront à la cérémonie, fileront par la place Fénélon pour aller stationner sur les quais Napoléon et Catinat.

VI. Les voitures du Sénat, du Conseil d'État et du Corps diplomatique seront rangées sur les quais ci-dessus désignés, immédiatement après les voitures du cortège de S. M. l'Impératrice Reine et Régente.

VII. Le parvis Notre-Dame, la place et la rue Fénélon, sont exclusivement réservés pour les voitures du cortège de S. M.

VIII. Le dimanche 2 mai, les places,

Ste-Croix, chaussée d'Antin. . . 1.er arrond.
Vendôme. 2.e
Des Victoires. 3.e
Du marché des Innocens. 4.e
De la Fidélité, à S.-Laurent . . 5.e
Rue et place du Temple. 6.e
Le carrefour des rues de Bretagne
   et Boutherat au Marais. . . . 7.e

Place des Vosges. . . . . 8.ᵉ arrond.
De la Bastille. 9.ᵉ
De l'Abbaye S.-Germ.-des-Prés. 10.ᵉ
De l'Odéon. 11.ᵉ
Et de l'Estrapade. 12.ᵉ

Où des distributions de vin auront lieu, seront nettoyées et débarrassées avant huit heures du matin.

IX. Ces distributions commenceront à trois heures de relevée.

Il sera élevé dans chacune des places désignées en l'article précédent, trois chevalets, garnis chacun d'une pièce de vin.

X. Les commissaires de police veilleront à ce que l'ordre soit maintenu pendant les distributions.

En cas de trouble, ils les feront suspendre jusqu'à ce que l'ordre soit rétabli.

XI. Le passage de la rivière en bachots et batelets ne pourra avoir lieu le dimanche 23 mai, depuis le pont de la Concorde, jusqu'à la sortie de Paris, qu'au port des Invalides.

Les passeurs d'eau se pourvoiront de bachots

en nombre suffisant pour que le service se fasse avec sûreté et célérité.

XII. Il ne pourra être admis dans chaque bachot ou batelet plus de *douze* personnes.

XIII. Il est enjoint aux passeurs d'eau de désigner aux officiers de police ou à la garde les personnes qui, par imprudence, compromettraient la sûreté des passagers.

XIV. Les habitans de Paris illumineront la façade de leurs maisons dans la soirée du dimanche 2; mai.

XV. A compter de huit heures du soir jusqu'au lendemain matin, aucune voiture ne pourra circuler ni stationner dans Paris.

Sont seules exceptées de cette disposition :

Les voitures des personnes qui se rendront au palais impérial des Tuileries.

Sont aussi exceptés de cette disposition et de celles de l'article III, les courriers de la malle et les diligences.

XVI. Il est défendu de vendre ou d'acheter des fusées, pétards, boîtes, bombes et autres pièces d'artifice, et d'en tirer dans les rues, promenades, places publiques, cours et jardins, ou par les fenêtres des maisons.

Les pères et mères et les chefs de maisons sont civilement responsables des faits de leurs enfans ou domestiques.

Les marchands de pièces d'artifices sont personnellement responsables de l'exécution du présent article, en ce qui les concerne.

XVII. Des pompes, des tonneaux et des seaux à incendie seront placés en nombre suffisant par tout où il sera nécessaire.

Il est défendu aux sapeurs-pompiers de quitter leurs pompes ni leur poste.

XVIII. Il est défendu aux cochers de quitter les rênes de leurs chevaux.

Il est défendu de traverser les cortèges.

XIX. Il est défendu de monter sur les monumens et édifices publics, sur les parapets des quais et des ponts, sur les balustrades de la place de la Concorde, sur les toits, les entablemens et les auvents des maisons, sur les piles ou théâtres de bois dans les chantiers, ni sur les barrières au-devant des maisons.

XX. Il est pareillement défendu de monter sur les arbres des boulevarts et des Champs-Elys es.

XXI. Il est défendu de construire ou faire construire aucuns échafauds, amphithéâtres, estrades ou autres établissemens de ce genre.

Il est également défendu de placer sur la voie publique des chaises et des bancs.

Les commissaires de police, les officiers de paix et l'architecte-commissaire de la petite voirie feront détruire ou enlever tous les objets ci-dessus désignés.

XXII. Les commissaires de police ainsi que les officiers de paix ne pourront quitter le poste qui leur aura été confié, qu'après la retraite du public.

Ils feront toutes les réquisitions nécessaires aux commandans de la force armée pour qu'elle reste en activité jusqu'au moment où ils pourront se retirer eux-mêmes.

XXIII. L'inspecteur-général de la police prendra toutes les mesures non prévues qui seraient nécessaires pour le maintien de l'ordre et de la sûreté publique pendant les fêtes et cérémonies.

Il se concertera pour l'exécution avec le commandant de la force armée.

XXIV. Il sera pris envers les contrevenans,

telles mesures de police administrative qu'il appartiendra, sans préjudice des poursuites à exercer contr'eux devant les tribunaux, conformément aux lois et aux réglemens.

XXV. La présente Ordonnance sera imprimée, *publiée* et affichée.

L'inspecteur-général du 4.e arrondissement de la Police générale de l'Empire, les commissaires de police, les maires des communes de Vaugirard, Sèvres, Boulogne, Auteuil, Passy et Neuilly, les officiers de paix, le commandant et l'ingénieur du corps des sapeurs-pompiers, l'architecte-commissaire de la petite voirie, l'inspecteur-général de la navigation et des ports, l'inspecteur-général de la salubrité et les préposés de la Préfecture sont chargés chacun en ce qui le concerne, de tenir la main à son exécution.

Le Conseiller d'État, Préfet, Baron de l'Empire,
Signé, PASQUIER.

Par le Conseiller d'État, Préfet,

Le Secrétaire-général, Chevalier de l'Empire,
Signé, PIIS.

CONSEIL DE SALUBRITÉ.

AVIS.

Paris, le 21 mai 1813.

Les accidens causés par les Chiens errans s'étant multipliés, depuis quelque temps, M. le Conseiller d'État, Préfet de Police, prévient les personnes qui à l'avenir seraient mordues de chiens soupçonnés enragés qu'elles doivent recourir, dans les vingt-quatre heures, à un médecin ou à un chirurgien ; qu'une expérience, qui n'a été démentie jusqu'à ce jour par aucun fait autentique, a prouvé que la cautérisation profonde des morsures faite de bonne heure avec un fer chauffé à blanc, est *un moyen certain* de prévenir le développement de la rage ; qu'on trouvera dans les hôpitaux, à toute heure du jour et de nuit, les secours que ces sortes d'accidens exigent, et qu'enfin l'on ne doit compter sur aucun autre secours, quelque confiance que l'intérêt particulier ou la crédulité leur ait acquise,

Le Conseiller d'État, Préfet, Baron de l'Empire,
Signé, PASQUIER.

ORDONNANCE

Concernant l'arrosement.

Paris, le 3 juin 1813.

Voyez pour cette Ordonnance, tome *VIII,* page 276.

ORDONNANCE

Concernant des mesures de Police relatives au Te Deum *qui sera chanté dimanche prochain 13 juin.*

Paris, le 11 juin 1813.

NOUS, ÉTIENNE-DENIS PASQUIER, etc.

Vû le cérémonial pour le *Te Deum* qui sera chanté dans l'église métropolitaine de

Paris, le 13 juin présent mois, à l'occasion de la victoire de *Wurtchen*;

Vû les lettres de S. Ex. le ministre de l'intérieur, et de S. Ex. le grand-maître des cérémonies;

ORDONNONS ce qui suit :

ART. I.ᵉʳ Les représentations gratuites qui auront lieu dans les spectacles, samedi 12 juin, commenceront *toutes à quatre heures et demie* du soir.

Les portes seront ouvertes au public à *quatre heures*.

II. Le dimanche 13 juin, la voie publique sera balayée à six heures du matin, et les boues et immondices seront enlevées au plus tard à huit heures.

L'arrossement sera terminé à dix heures.

III. Le dimanche 13 juin, à compter de dix heures du matin, la circulation et le stationnement des voitures autres que celles des personnes qui se rendront à la métropole seront interdits, savoir :

Pour la rive droite de la rivière, à partir du pont Marie, dans les rues des Nonain-

dières, de Jouy, Saint-Antoine, la place
Baudoyer, le marché S.-Jean, la rue de la
Verrerie, celles Ste-Avoye et du Temple,
et à partir de cette rue, sur les boulevarts
du nord, dans les rues du faubourg Saint-
Honoré, du faubourg du Roule, jusqu'à la
barrière du Roule ; depuis cette barrière
jusqu'à celle de Passy ; et depuis la barrière
de Passy, sur les quais qui bordent la rive
droite de la Seine jusqu'au pont Marie, et
dans toutes les parties de la voie publique
comprises dans cette enceinte.

Pour la rive gauche, dans toutes les parties
de la voie publique enclavées par le quinconce
des Invalides, le boulevart du midi jusqu'à
la rue de Vaugirard, la rue de Vaugirard,
des Francs-Bourgeois, la place S.-Michel,
la rue de la Harpe jusqu'à celle des Mathurins,
la rue des Mathurins, la rue Saint-Jacques
jusqu'à celle des Noyers, la rue des Noyers,
la rue de Bièvre et le quai des Miramionnes ;
et sur les quais de la rive gauche, à partir
du quai des Miramionnes jusqu'au quinconce
des Invalides.

IV. Les voitures qui arriveront par la route de Sèvres seront dirigées par Vaugirard.

Celles qui arriveront par les routes de Neuilly et de S.-Germain ne pourront entrer dans Paris par les barrières de Clichy ou du faubourg Montmartre.

V. Les voitures des corps qui assisteront à la cérémonie, fileront par la place Fénélon pour aller stationner sur les quais Napoléon et Catinat.

VI. Les voitures du sénat, du conseil d'état et du corps diplomatique seront rangées sur les quais ci-dessus désignés, immédiatement après les voitures du cortège de S. M. l'Impératrice Reine et Régente.

VII. Le parvis Notre-Dame, la place et la rue Fénélon, sont exclusivement réservés pour les voitures du cortège de S. M.

VIII. Les habitans de Paris illumineront la façade de leurs maisons dans la soirée du dimanche 1} juin.

IX. A compter de huit heures du soir jusqu'au lendemain matin, aucune voiture ne pourra circuler ni stationner dans Paris.

Sont seules exceptées de cette disposition:

Les voitures des personnes qui se rendront au palais impérial des Tuileries.

Sont aussi exceptés de cette disposition et de celles de l'article III, les couriers de la malle et les diligences.

X. Il est défendu de vendre et d'acheter des fusées, pétards, boîtes, bombes et autres pièces d'artifice, et d'en tirer dans les rues, promenades, places publiques, cours et jardins, ou par les fenêtres des maisons.

Les pères et mères et les chefs de maisons sont civilement responsables des faits de leurs enfans ou domestiques.

Les marchands de pièces d'artifices sont personnellement responsables de l'exécution du présent article, en ce qui les concerne.

XI. Des pompes, des tonneaux, et des seaux à incendie seront placés en nombre suffisant par tout ou il sera nécessaire.

Il est défendu aux sapeurs-pompiers de quitter leurs pompes ni leur poste.

XII. Il est défendu aux cochers de quitter les rênes de leurs chevaux.

Il est défendu de traverser les cortéges.

XIII. Il est défendu de monter sur les monumens et édifices publics, sur les parapets des quais et des ponts, sur les balustrades de la place de la Concorde, sur les toits, les entablemens et les auvens des maisons ; sur les piles ou théâtres de bois dans les chantiers, ni sur les barrières au devant des maisons.

XIV. Il est pareillement défendu de monter sur les arbres des boulevarts et des Champs-Élysées.

XV. Il est défendu de construire ou faire construire aucuns échafauds, amphithéâtres, estrades ou autres établissemens de ce genre.

Il est également défendu de placer sur la voie publique des chaises et des bancs.

Les commissaires de police, les officiers de paix et l'architecte-commissaire de la petite voirie feront détruire ou enlever tous les objets ci-dessus désignés.

XVI. Les commissaires de police ainsi que les officiers de paix ne pourront quitter le poste qui leur aura été confié, qu'après la retraite du public.

Ils feront toutes les réquisitions nécessaires

aux commandans de la force armée pour
qu'elle reste en activité jusqu'au moment où
ils pourront se retirer eux-mêmes.

XVII. L'inspecteur-général de la police
prendra toutes les mesures non prévues qui
seraient nécessaires pour le maintien de l'ordre
et de la sûreté publique pendant les fêtes et
cérémonies.

Il se concertera, pour l'exécution, avec
les commandans de la force armée.

XVIII. Il sera pris envers les contrevenans
telles mesures de police administrative qu'il
appartiendra, sans préjudice des poursuites
à exercer contr'eux devant les tribunaux,
conformément aux lois et aux réglemens.

XIX. La présente Ordonnance sera imprimée, *publiée* et affichée.

L'inspecteur-général du 4.ᵉ arrondissement
de la police générale de l'Empire, les commissaires de police, les maires des communes
de Vaugirard, Sèvres, Boulogne, Auteuil,
Passy et Neuilly, les officiers de paix, le
commandant et l'ingénieur du corps des sapeurs-
pompiers, l'architecte-commissaire de la petite

voirie, l'inspecteur-général de la salubrité et les préposés de la Préfecture sont chargés, chacun en ce qui le concerne, de tenir la main à son exécution.

Le Conseiller d'État, Préfet, Baron de l'Empire,
Signé, PASQUIER.

Par le Conseiller d'État, Préfet,

Le Secrétaire-général, Chevalier de l'Empire,
Signé, PIIS.

ORDONNANCE

Concernant les Porteurs dans les halles et marchés.

Paris, le 15 juin 1813.

NOUS, ÉTIENNE-DENIS PASQUIER, etc.

Considérant qu'il importe de rappeler les mesures d'ordre relatives aux porteurs dans les halles et marchés, et d'y ajouter de nouvelles dispositions dont l'expérience a démontré la nécessité;

Vû l'article 32 de l'Arrêté du Gouvernement du 12 messidor an VIII,

Ordonnons ce qui suit:

Art. I.er Le nombre des porteurs dans les halles et marchés ne pourra pas excéder huit cents.

II. Les porteurs actuellement en activité, continueront d'exercer leur état, en remplissant les formalités prescrites ci-après; mais il n'en sera point admis de nouveaux jusqu'à ce que la réduction reconnue nécessaire ait été effectuée.

III. Nul ne peut être porteur dans les halles et marchés sans une permission délivrée par la Préfecture de Police.

Les porteurs seront en outre pourvus d'une médaille délivrée pareillement par la Préfecture de Police. Il leur est enjoint d'avoir toujours cette médaille fixée à une boutonnière de la veste.

IV. Les permissions délivrées jusqu'à ce jour aux porteurs dans les halles et marchés, sont annullées.

Dans un mois, à compter du jour de la publication de la présente Ordonnance, les permissions et les médailles dont les porteurs sont actuellement pourvus, seront rapportées pour être renouvellées, s'il y a lieu.

V. La permission contiendra, en marge, le signalement du porteur. La médaille portera, avec le n.° d'enregistrement, les prénoms, nom et surnom du porteur.

VI. Tout individu qui voudra obtenir une permission de porteur dans les halles et marchés, sera tenu de produire un certificat de domicile et de bonne conduite délivré par le commissaire de police de son quartier, sur la représentation des papiers de sûreté.

Ce certificat contiendra, en outre, le signalement du demandeur, et mentionnera toujours que les pétitionnaires sujets à la conscription, ont satisfait à la loi.

VII. Au mois de décembre de chaque année, il sera fait un récensement des porteurs.

A cet effet, les porteurs seront tenus de se présenter au bureau du commissaire des Halles et Marchés pour y faire vérifier leurs permissions et leurs médailles.

VIII. Dans le courant du même mois, les médailles seront marquées d'un poinçon représentant une lettre de l'alphabet. La lettre *A* servira pour 1814, et successivement les autres lettres pour les années suivantes.

IX. Il est défendu à tout individu non pourvu de permission et de médaille, de faire le service de porteur dans les halles et marchés.

X. Ce service est également interdit à ceux dont les médailles ne porteraient pas le poinçon de l'année.

Dans ce cas les médailles seront retirées.

XI. Il sera pris envers les contrevenans aux dispositions ci-dessus, telles mesures de Police administrative qu'il appartiendra.

XII. La présente Ordonnance sera imprimée, *publiée* et affichée.

Les commissaires de police, l'inspecteur-général de police, les officiers de paix, le commissaire des halles et marchés et les préposés de la Préfecture de Police, sont chargés de tenir la main à son exécution.

Le Conseiller d'État, Préfet, Baron de l'Empire,
Signé, PASQUIER.

Par le Conseiller d'État, Préfet,

Le Secrétaire-général, Chevalier de l'Empire,
Signé, PIIS.

ORDONNANCE

Concernant les Ferrailleurs et autres marchands qui étalent sur les quais de Gèvres, de la Mégisserie et ponts adjacents.

Paris, le 25 juin 1813.

NOUS, Étienne-Denis PASQUIER, etc.

Considérant que les ferrailleurs, les marchands de vieux chapeaux, souliers, habits et autres objets encombrent les quais de la Mégisserie, de Gèvres, les ponts-au-Change, Notre-Dame et S.-Michel ;

Considérant qu'il importe de laisser libre la voie publique sur ces divers points qui sont très-fréquentés ;

Considérant d'ailleurs que les étalagistes dont il s'agit peuvent être placés sous les abris du marché du Temple ;

Vû les articles 10, 11 et 12 de l'Arrêté du Gouvernement du 12 messidor an VIII ;

Ordonnons ce qui suit :

Art. I.er A compter du 1.er août prochain, il est défendu de vendre de la ferraille, des vieux chapeaux, souliers, habits et autres objets semblables, sur les quais de la Mégisserie, de Gèvres, sur les ponts au Change, Notre-Dame et S.-Michel.

Il est pareillement défendu de vendre ces sortes d'objets, sur tout autre point de la voie publique.

II. Les marchands qui étalent aux endroits ci-dessus désignés, pourront être placés sous les abris du marché du Temple.

Ceux qui désireront obtenir des places dans ce marché, en feront la déclaration au bureau du commissaire des halles et marchés, *à la halle aux beurres et œufs.*

III. Le commissaire des halles et marchés placera les ferrailleurs et les marchands de vieux chapeaux, souliers et habits de la manière la plus convenable.

Les places leur seront assignées à leur choix, autant que faire se pourra, suivant l'ordre de leurs déclarations.

IV. Les ferrailleurs, le marchands de vieux chapeaux, souliers et habits sont tenus de se conformer, en ce qui peut les concerner, aux dispositions de nos Ordonnances du 8 février 1811, *relatives à la vente des vieux linges et hardes* sur le marché du Temple, et du 25 novembre 1812, *concernant les Brocanteurs.*

V. Les contraventions seront constatées par des procès-verbaux qui nous seront adressés.

VI. Il sera pris envers les contrevenans aux dispositions ci-dessus, telles mesures de *police administrative* qu'il appartiendra, sans préjudice des poursuites à exercer contr'eux devant les tribunaux, conformément aux lois et aux réglemens.

VII. La présente Ordonnance sera imprimée, *publiée* et affichée.

Les commissaires de police et notamment ceux des quartiers du Louvre, des Arcis, de la Cité, de l'École de Médecine et du Temple, l'inspecteur-général de police, les officiers de paix, le commissaire des Halles et Marchés, et les préposés de la Préfecture de Police sont chargés, chacun en ce qui le concerne, de tenir la main à son exécution.

Le Conseiller d'État, Préfet, Baron de l'Empire,
Signé, PASQUIER.

Par le Conseiller d'État, Préfet,

Le Secrétaire-général, Chevalier de l'Empire,
Signé, PIIS.

MESURES ET POIDS USUELS.

NOUVEL AVIS.

Paris, le 10 juillet 1813.

Déjà le public a été prévenu de l'obligation imposée aux marchands d'être pourvus de mesures et poids usuels, appropriés aux besoins journaliers des consommateurs.

Ces nouveaux poids et mesures correspondent exactement aux demandes les plus habituelles. Leur émission a eu pour but de prémunir le public contre la cupidité de certains marchands. On a fait connaître le rapport des mesures et poids usuels avec les mesures et poids décimaux. Néanmoins la plûpart des acheteurs, négligeant de faire attention aux poids et mesures que l'on emploie pour les livraisons dans le commerce en détail, sont souvent victimes de leur confiance.

Plusieurs marchands, sous l'apparence de de vendre à meilleur compte que d'autres, font réellement payer leurs marchandises beaucoup plus cher, en se servant de mesures et poids décimaux, et en livrant des cinquièmes pour des quarts, des dixièmes pour des demi-quarts, etc.

On le répète : toute demande de marchandises soit à la mesure, soit au poids, quand l'acheteur n'exprime pas que sa demande est faite en mesures ou poids décimaux, est censée faite en mesures ou poids usuels, et les marchands doivent fournir en suivant ces proportions de la manière la plus exacte, les quantités de marchandises qui leur sont demandées.

Il importe que le consommateur se pénètre

bien que lorsqu'il se présente chez un marchand, il doit veiller à ce qu'on ne lui livre pas, par exemple :

En mesures de longueur,

Un mètre d'étoffe pour une aune.

En poids,

Un double hectogramme de viandre, fruits etc., pour une demi-livre ; un hectogramme de sucre, etc., pour un quarteron ; trois décagrammes de café pour une once ; quinze grammes de tabac pour une demi-once.

En mesures de capacité,

Un décalitre de charbon pour un boisseau ; des doubles-décilitres, des décilitres ou des demi-décilitres de graines ou boissons, pour des quarts, huitièmes ou seizièmes de litres.

Tous les poids et mesures usuels portent outre leur dénomination, le rapport de leur valeur avec le système décimal ; il est donc très-aisé, avec un peu d'attention, d'en faire la différence avec les mesures et poids décimaux. D'ailleurs ils doivent être toujours

Tome X. 8

séparés les uns des autres, et les mesures et poids décimaux ne doivent être employés dans la vente en détail que sur la demande expresse des consommateurs : leur confusion avec les mesures et poids usuels entraîne une présomption de fraude.

L'insouciance du public relativement aux poids et mesures, le rend, en quelque sorte, complice des marchands de mauvaise-foi. Ses intérêts sont journellement compromis.

Le Conseiller d'État, Préfet, Baron de l'Empire,
Signé, PASQUIER.

ORDONNANCE

Concernant les bateaux employés au tirage du Sable en rivière.

Paris, le 15 juillet 1813.

NOUS, Étienne-Denis PASQUIER, etc.

Considérant que les mariniers employent indifféremment toutes espèces d'embarcations pour le tirage du sable en rivière, et qu'il peut en résulter des accidens;

ORDONNONS ce qui suit :

ART. I.er A compter du jour de la publication de la présente Ordonnance, il est défendu de se servir de *Margotas* pour le tirage du sable en rivière.

II. Les bateaux dits *Lavandières* ne pourront être employés au tirage du sable, que jusqu'au 1.er novembre prochain.

III. A compter du 1.er mars 1814, il ne pourra plus être employé pour le tirage du sable, que des *double-bachots* solidement établis.

IV. Les contraventions seront constatées par des procès-verbaux qui nous seront adressés.

V. Il sera pris envers les contrevenans aux dispositions ci-dessus, telles mesures de *police administrative* qu'il appartiendra, sans préjudice des poursuites à exercer contr'eux devant les tribunaux, conformément aux lois et aux réglemens.

VI. La présente Ordonnance sera imprimée, *publiée* et affichée.

Les Sous-Préfets des arrondissemens de S.-Denis et de Sceaux , les Maires et Adjoints des communes rurales du ressort de la Préfecture de Police, les Commissaires de Police, l'Inspecteur-général de la Navigation et des Ports et les Préposés de la Préfecture de Police sont chargés , chacun en ce qui le concerne, de tenir la main à son exécution.

Le Conseiller d'État , Préfet , Baron de l'Empire,
Signé, PASQUIER.

Par le Conseiller d'État , Préfet ,

Le Secrétaire-général, Chevalier de l'Empire ,
Signé , PIIS.

ORDONNANCE

Concernant le commerce des Grains et Grenailles.

Paris, le 17 juillet 1811.

NOUS, Étienne-Denis PASQUIER, etc.

Considérant que des marchands de la campagne colportent et vendent dans les rues de

Paris, des grains et grenailles ; ce qui diminue d'autant l'approvisionnement de la halle et contribue à faire augmenter le prix de ces denrées ;

Considérant que la vente des grains et grenailles sur la voie publique, ne pouvant être surveillée, les acheteurs sont exposés à être trompés sur la quantité et la qualité des marchandises, et que d'ailleurs la circulation se trouve entravée par le stationnement des voitures ;

Vû les articles 2, 22 et 32, de l'Arrêté du Gouvernement du 12 messidor an VIII ;

ORDONNONS ce qui suit :

ART. I.er Il est défendu de colporter des grains et grenailles, d'en vendre et d'en acheter sur la voie publique, sous peine de confiscation et de mille francs d'amende.

(*Déclaration du Roi du 19 avril 1723.*)

II. Les grains et grenailles amenés pour l'approvisionnement de Paris seront conduits sur le carreau de la halle ou sur le port, pour y être vendus.

Sont exceptés les grains et grenailles amenés à destination particulière.

III. Les conducteurs de grains et grenailles expédiés à destination, devront être porteurs d'un certificat du maire de leur commune, constatant la destination.

Faute par les conducteurs d'être munis de ce certificat, les grains et grenailles seront conduits sur le carreau de la halle.

IV. Les contraventions seront constatées par des procès-verbaux qui nous seront adressés.

V. Il sera pris envers les contrevenans aux dispositions ci-dessus, telles mesures de *police administrative* qu'il appartiendra, sans préjudice des poursuites à exercer contr'eux devant les tribunaux, conformément aux lois et aux réglemens.

VI. La présente Ordonnance sera imprimée, *publiée* et affichée.

Les commissaires de police, l'inspecteur-général de police, les officiers de paix, le contrôleur de la halle aux Grains et Farines, le commissaire des halles et marchés et les préposés de la Préfecture de Police, sont chargés, chacun en ce qui le concerne, de tenir la main à son exécution.

Le Conseiller d'État, Préfet, Baron de l'Empire,
Signé, PASQUIER.

Par le Conseiller d'État, Préfet,

Le Secrétaire-général, Chevalier de l'Empire,
Signé, PIIS.

ORDONNANCE

Concernant la vente du Lait.

Paris, le 20 juillet 1813.

NOUS, ÉTIENNE-DENIS PASQUIER, etc.

Vû les articles 2, 23 et 26 de l'Arrêté du Gouvernement du 12 messidor an VIII; et l'article 1.er de celui du 3 brumaire suivant;

ORDONNONS ce qui suit:

ART. I.er Il est défendu de mettre dans des vaisseaux de cuivre, le lait qui doit être exposé en vente, à peine de confiscation et de *trois cents francs* d'amende.

(*Déclaration du Roi du* 13 *juin* 1777, *art.* 1.er)

II. Il ne doit être exposé en vente que du lait de bonne qualité et sans mélange, à peine de *deux cents francs* d'amende.

(*Ordonnance de Police du* 20 *avril* 1741, *art.* II.)

III. Les marchands de lait sont tenus de se servir de mesures duement vérifiées et poinçonnées.

IV. Les contraventions seront constatées par des procès-verbaux, qui nous seront adressés.

V. Il sera pris envers les contrevenans aux dispositions ci-dessus, telles mesures de *police administrative* qu'il appartiendra, sans préjudice des poursuites à exercer contr'eux devant les tribunaux, conformément aux lois et aux Réglemens.

VI. La présente Ordonnance sera imprimée, *publiée* et affichée.

Les sous-préfets des arrondissemens de Saint-Denis et de Sceaux, les maires et adjoints des communes rurales du ressort de la Préfecture de Police, les commissaires de police, l'inspecteur-général de police, les officiers de paix, le commissaire des halles et marchés, les inspecteurs des poids et mesures, et les préposés de la Préfecture sont chargés, chacun en ce qui les concerne, de tenir la main à son exécution.

Le Conseiller d'État, Préfet, Baron de l'Empire,
Signé, PASQUIER.

Par le Conseiller d'État, Préfet,

Le Secrétaire-général, Chevalier de l'Empire,
Signé, PIIS.

ORDONNANCE

Portant défenses de tirer des Fusées, Pétards, Boîtes, Bombes, etc.

Paris, le 26 juillet 1813.

NOUS, ÉTIENNE-DENIS PASQUIER, etc.

Vû l'article 24 de l'Arrêté du Gouvernement du 12 messidor an VIII;

Tome X.

Ordonnons ce qui suit :

Art. I.er Nul ne pourra, *sous quelque prétexte que ce soit*, tirer dans des maisons particulières, cours, jardins et terreins en dépendans, aucune pièce d'artifice, sans une permission du Préfet de Police.

II Il est défendu de tirer, sur la *voie publique*, des fusées, pétards, boîtes, bombes et autre artifice.

III. Les pères et mères et les chefs de maisons, sont *civilement responsables*, suivant la loi, des contraventions aux dispositions ci-dessus.

IV. Il sera pris envers les contrevenans, telles mesures administratives qu'il appartiendra, sans préjudice des poursuites à exercer pardevant les tribunaux.

V. La présente Ordonnance, sera imprimée, *publiée* et affichée.

Les sous-préfets des arrondissemens de S.-Denis et de Sceaux, les maires et adjoints des communes rurales du ressort de la Préfecture de Police, les commissaires de police, à Paris, l'inspecteur-général de police, du 4.ᵉ arrondissement, les officiers de paix, et les autres préposés de la Préfecture de Police sont chargés, chacun en ce qui le concerne, de tenir la main à son exécution.

Le Conseiller d'État, Préfet, Baron de l'Empire,
Signé, PASQUIER.

Par le Conseiller d'État, Préfet,

Le Secrétaire-général, Chevalier de l'Empire,
Signé, PIIS.

ORDONNANCE

Concernant la vente des Veaux provenant des Vaches nourries dans Paris.

Paris, le 29 juillet 1813.

NOUS, Étienne-Denis PASQUIER, etc.

Vû les articles 32 et 33 de l'Arrêté du Gouvernement du 12 messidor an VIII;

ORDONNONS ce qui suit :

ART. I.ᵉʳ Les veaux provenant des vaches

nourries dans Paris, et qui n'auront pas l'âge requis pour être livrés à la consommation, ne pourront être vendus qu'à des *nourrisseurs établis dans des communes rurales.*

Ces veaux seront exposés en vente, à la halle, dans l'emplacement désigné à cet effet.

La vente s'en fera les *mardis* et *vendredis*, en même temps que celle des veaux destinés à la boucherie.

II. Il est enjoint aux nourrisseurs de vaches laitières dans Paris, de faire aux commissaires de police de leurs quartiers respectifs, la déclaration des vaches qui seront pleines.

Les commissaires de police devront nous transmettre sans retard ces déclarations.

Les veaux seront visités quelques jours avant d'être exposés en vente.

Cette visite sera faite par le commissaire des halles et marchés.

III. Les contraventions seront constatées par des procès-verbaux qui nous seront adressés.

IV. Il sera pris envers les contrevenans aux dispositions ci-dessus, telles mesures de police *administrative* qu'il appartiendra , sans préjudice des poursuites à exercer contr'eux devant les tribunaux , conformément aux lois et aux réglemens,

V. La présente Ordonnance sera imprimée, *publiée* et affichée.

Les commissaires de police , le commissaire des halles et marchés , et les préposés de la Préfecture , sont chargés de tenir la main à son exécution.

Le Conseiller d'État, Préfet, Baron de l'Empire,
Signé , PASQUIER.

Pour le Conseiller d'État , Préfet ,

Le Secrétaire-général, Chevalier de l'Empire ,
Signé , PIIS.

ORDONNANCE

Concernant le remblai de la rue d'Ulm, quartier de l'Observatoire.

Paris, le 5 août 1813.

NOUS, ÉTIENNE-DENIS PASQUIER, etc.

Vû 1.° La lettre à nous adressée par M. le Préfet du département de la Seine, le 30 juin dernier sur la nécessité de remblayer la partie de la rue d'Ulm qui se prolonge au-delà de la rue des Ursulines ;

2.° Le rapport de l'inspecteur-général de la salubrité, du 1.er juillet suivant ;

3.° Celui de l'architecte commissaire de la petite voirie, du 11 du même mois ;

ORDONNONS ce qui suit :

ART. I.er A compte du 8 du présent mois d'août, tous les gravois provenant des déblais ou démolitions faites sur le quai des Grands-

Augustins, les rues de Thionville, de la Huchette, S.-Jacques, S -Étienne-des-Grès, des Prêtres S.-Étienne, Bordet, Mouffetard, de l'Oursine, les boulevards jusqu'à la barrière d'Enfer, S.-Hyacinthe et des Fossés-M.-le-Prince, seront transportés dans la partie de la rue d'Ulm qui se prolonge au-delà de celle des Ursulines.

Les voituriers-gravatiers se dirigeront dans la rue d'Ulm par la barrière placée à l'extrémité de la rue des Ursulines, qui sera ouverte à cet effet.

II. Les gravatiers occupés dans les rues sus-indiquées, dont les voitures chargées prendraient une direction contraire à ce qui est prescrit par l'article I.er, seront arrêtés et conduits à la Préfecture de Police, et leurs chevaux seront mis en fourrière.

III. La présente Ordonnance sera imprimée et affichée.

Les commissaires de police, l'inspecteur-général de police, les officiers de paix, l'architecte-commissaire de la petite voirie, l'inspecteur-général de la salubrité et les préposés de la Préfecture sont chargés d'en surveiller l'exécution.

Le Conseiller d'État, Préfet, Baron de l'Empire,
Signé, PASQUIER.

Par le Conseiller d'État, Préfet,

Le Secrétaire-général, Chevalier de l'Empire,
Signé, PIIS.

ORDONNANCE

Concernant des mesures de Police, relatives à l'anniversaire de la naissance de S. M. l'Empereur et Roi.

Paris, le 13 août 1813.

NOUS, ÉTIENNE-DENIS PASQUIER, etc,

Vû le décret impérial du 19 février 1806;

Et la lettre de S. Ex. le ministre de l'intérieur, en date du 5 août présent mois, portant envoi du programme arrêté pour la fête de l'anniversaire de la naissance de S. M. l'Empereur et Roi;

Ordonnons ce qui suit:

Art. Ier Les représentations gratuites qui auront lieu dans les spectacles, samedi 14 août, commenceront *toutes à quatre heures et demie du soir.*

Les portes seront ouvertes au public à *quatre heures.*

II. Le dimanche 15 août, la voie publique sera balayée à six heures du matin, et les boues et immondices seront enlevées au plus tard à huit heures.

L'arrosement sera terminé à dix heures.

III. Depuis midi jusqu'au lendemain, la circulation et le stationnement des voitures seront interdits sur les quais qui bordent les deux rives de la Seine, à partir du pont des Arts, d'un côté jusqu'à l'esplanade des Invalides, et de l'autre côté jusques et compris le quai de la Conférence ; sur le pont de la Concorde, sur la place de la Concorde, dans les rues de la Concorde et des Champs-Élysées et dans toutes les avenues des Champs-Élysées.

Les voitures qui viendront à Paris pas Sèvres, fileront soit par Vaugirard, soit par le bois de Boulogne, l'avenue de Neuilly, le nouveau boulevard et la barrière du Roule.

Celles qui arriveront par la route de Neuilly, entreront aussi par la barrière du Roule.

IV. Aucun bateau, train ni portion de train de bois ne sera laissé sur la rivière, entre le Pont-Royal et le pont de la Concorde.

Les bateaux, trains ou portions de trains qui s'y trouveraient, seront descendus ou remontés au frais et risques des Propriétaires.

V. Il y aura, dans le bassin entre le Pont-Royal et celui de la Concorde, un nombre suffisant de bachots montés chacun par un fusilier et deux mariniers nageurs pour porter des secours au besoin, et empêcher que personne ne s'introduise sur la rivière.

Il ne pourra y avoir, dans ce bassin, aucuns bachots, autres que ceux nécessaires pour les jeux sur la rivière.

A compter de dix heures du matin, l'école

de Natation, les bains froids, les bains chauds et les b teaux à lessive situés dans le même bassin, seront interdits au public.

VI. Il est défendu à toutes personnes, autres que celles qui seront munies de cartes de s'introduire sur le port de la rive droite de la rivière, entre le pont Royal et celui de la Concorde.

VII. Il est défendu de monter sur les parapets des ponts et des quais.

Il est également défendu d'élever des échafaudages, gradins ou autres objets semblables sur la voie publique, et de monter sur les arbres des Champs-Élysées et de les dégrader.

VIII. A compter de deux heures après midi, aucunes voitures, autres que celles des personnes qui se rendront à la métropole, ne pourront circuler, ni stationner sur le quai le Pelletier ni dans la Cité, à partir du pont de la Cité jusques et compris le pont Notre-Dame, les rues de la Lanterne, de la Juiverie, du Marché-Palu et le Petit-Pont.

La circulation des voitures ne sera rétablie qu'une heure après la cérémonie.

IX. Les habitans de Paris illumineront la façade de leurs maisons dans la soirée du dimanche 15 août.

X. A compter de sept heures du soir, la circulation et le stationnement des voitures, sont interdits, jusqu'au lendemain, sur la place du Carrousel et dans les rues de Rivoli, des Pyramides, de la Convention, de Castiglione, Montabor, Neuve du Luxembourg et de Saint-Florentin.

XI. Les dispositions relatives à la circulation des voitures ne sont point applicables aux voitures des personnes qui se rendront à la cour, ni aux courriers de la Malle, ni aux Diligences.

XII. Il est défendu de vendre, d'acheter des fusées, pétards, boîtes, bombes et autres pièces d'artifice, et d'en tirer dans les rues, promenades, places publiques, cours et jardins, ou par les fenêtres des maisons.

Les pères et mères et les chefs de maison sont civilement responsables de leurs enfans, de leurs ouvriers ou domestiques.

Les marchands de pièces d'artifice sont personnellement responsables de l'exécution du
présent article en ce qui les concerne.

XIII. Il sera placé des pompes, des tonneaux
et des sceaux à incendie, en nombre suffisant,
sur la place de la Concorde, et autres lieux
où il sera jugé nécessaire.

Il est défendu aux Pompiers de quitter leurs
pompes.

XIV. L'inspecteur-général de la police et
l'inspecteur-général de la navigation et des ports,
sont autorisés, chacun en ce qui le concerne,
à prendre toutes les mesures de police que les
circonstances nécessiteront et qui n'auraient pas
été prévues par la présente Ordonnance.

XV. Il sera pris envers les contrevenans
telles mesures de *police administrative* qu'il appartiendra, sans préjudice des poursuites à
exercer contr'eux devant les tribunaux.

XVI. La présente Ordonnance sera imprimée,
publiée et affichée.

XVII. Le colonel d'armes de la ville de
Paris est spécialement chargé d'en assurer le

maintien par tous les moyens qui sont à sa disposition.

XVIII. L'inspecteur-général du 4.ᵉ arrondissement de la police générale de l'Empire, les commissaires de police, les maires des communes de Sèvres, Boulogne, Auteuil, Clichy, Neuilly, Passy et Vaugirard, les officiers de paix, le chef du bataillon des sapeurs-pompiers et l'ingénieur de ce corps, l'inspecteur-général de la navigation et des ports, l'inspecteur-général de la salubrité et les préposés de la Préfecture de la Police, tiendront la main à son exécution.

Le Conseiller d'État, Préfet, Baron de l'Empire,

Signé, PASQUIER.

Par le Conseiller d'État, Préfet,

Le Secrétaire-général, Chevalier de l'Empire,

Signé, PIIS.

EXTRAIT
DU DÉCRET IMPÉRIAL
Du 4 mai 1812,

Contenant des dispositions pénales contre ceux qui chassent sans Permis de port-d'armes de Chasse.

ART. I.er Quiconque sera trouvé chassant, et ne justifiant point d'un permis de port d'armes de chasse, délivré conformément à notre Décret du 11 juillet 1810, sera traduit devant le Tribunal de police correctionnelle, et puni d'une amende qui ne pourra être moindre de trente francs, ni excéder soixante francs.

II En cas de récidive, l'amende sera de soixante-un francs au moins, et de deux cents francs au plus. Le Tribunal pourra, en outre, prononcer un emprisonnement de six jours à un mois.

III. Dans tous les cas, il y aura lieu à la confiscation des armes; et, si elles n'ont pas été saisies, le délinquant sera condamné à les rapporter au Greffe ou à en payer la valeur, selon la fixation qui en sera faite par le jugement, sans que cette fixation puisse être au-dessous de cinquante francs.

IV. Seront, au surplus, exécutées les dispositions de la Loi du 30 avril 1790 concernant la Chasse.

Pour extrait conforme,

Le Secrétaire-général, Chevalier de l'Empire,

Signé, PIIS.

ORDONNANCE

Concernant la Chasse.

Paris, le 18 août 1813.

NOUS, ÉTIENNE-DENIS PASQUIER, etc.

Vû la loi du 30 avril 1790;

Les Arrêtés des 11 messidor an VIII et 3 brumaire an IX;

La décision de S. Ex. le ministre de la Police générale, en date du 25 fructidor suivant;

Et le Décret impérial du 4 mai 1812;

ORDONNONS ce qui suit :

ART. I.er L'extrait du Décret impérial, du 4 mai 1812, *contenant des dispositions pénales contre ceux qui chassent sans Permis de port-d'armes de Chasse*, sera imprimé, *publié* et affiché avec la présente Ordonnance.

II. La Chasse sera ouverte le 5 septembre prochain, dans le ressort de la Préfecture de Police.

Il est défendu de chasser avant cette époque, même sous prétexte de tirer des Hirondelles le long des rivières.

Il est également défendu de chasser dans les vignes, avant que les vendanges soient entièrement terminées, et dans les champs ensemencés et plantés de légumes, avant la fin de la récolte.

III. Les Lois, Réglemens et Ordonnances de Police sur la Chasse, continueront d'être exécutées selon leur forme et teneur.

IV. Il sera pris envers les contrevenans, telles mesures de police administrative qu'il appartiendra, sans préjudice des poursuites à exercer contr'eux pardevant les tribunaux.

Tome X.   19

V. Les sous-préfets des arrondissemens de Saint-Denis et de Sceaux, les maires et adjoints des communes rurales du ressort de la Préfecture de Police, les commissaires de police, l'inspecteur-général du quatrième arrondissement de la Police générale de l'empire, les officiers de paix, les gardes-champêtres et les préposés de la Préfecture, sont chargés de tenir la main à l'exécution de la présente.

Le Conseiller d'État, Préfet, Baron de l'Empire,
Signé, PASQUIER.

Par le Conseiller d'État, Préfet,

Le Secrétaire-général, Chevalier de l'Empire,
Signé, PIIS.

ARRÊTÉ

Concernant l'arrivage et la vente des bois de FLAX.

Paris, le 18 août 1813.

NOUS, ÉTIENNE-DENIS PASQUIER, etc.

Vû la lettre du 23 du courant, par laquelle M. le Conseiller d'État, directeur-général de

ponts et chaussées, nous annonce qu'il a accueilli
la demande à lui présentée par plusieurs marchands, de faire arriver à Paris des bois de
Faix existans sur les ports de la haute Yonne ;
mais sous la condition que les marchands de
Paris seraient tenus de faire frapper toutes les
bûches de *Faix* de leurs marteaux particuliers,
et que les facteurs chargés de flotter ces bois,
seraient tenus de demander une lettre de voiture
au juré compteur de l'arrondissement où les
bois seront flottés, et nous invite à ordonner
les dispositions nécessaires pour la réception et
la vente des bois, de manière à prévenir tous
abus préjudiciables aux consommateurs ;

ARRÊTONS ce qui suit :

ART. I.er Les marchands de bois pour le
compte desquels il arrivera à Paris des bois de
Faix venant des ports de la haute Yonne,
seront tenus de nous en faire la déclaration dans
le jour de l'arrivée de ces bois à Paris.

II. Les bois de *Faix* seront empilés séparément des autres bois, et les piles seront assez
éloignées pour qu'il n'y ait pas de risque qu'ils
soient confondus ou mélangés avec d'autres.

III. Il sera mis sur les piles de ces bois un écriteau portant ces mots : *Bois de Faix.*

IV. Les contraventions seront constatées par des procès-verbaux, qui nous seront adressés.

V. Il sera pris envers les contrevenans telles mesures de police administrative qu'il appartiendra, sans préjudice des poursuites à exercer contr'eux devant les tribunaux.

VI. Le présent Arrêté sera imprimé.

Il sera notifié aux marchands de bois de Paris, savoir : à ceux de l'arrondissement Saint-Antoine, par le commissaire de police du quartier de Popincourt ; à ceux de l'arrondissement Saint-Bernard, par le commissaire de police du quartier du Jardin des Plantes ; à ceux de l'arrondissement de la Grenouillère, par le commissaire de police du quartier des Invalides ; et à ceux de l'arrondissement Saint-Honoré, par le commissaire de police du quartier de la place Vendôme.

Les commissaires de Police dresseront procès-verbal de la notification et ils nous le transmettront

VII. Les commissaires de police, l'inspecteur-général de la navigation et des ports et les préposés de la Préfecture de Police sont chargés de tenir la main à l'exécution du présent Arrêté, et de nous en rendre compte.

Le Conseiller d'État, Préfet, Baron de l'Empire,
Signé, PASQUIER.

Par le Conseiller d'État, Préfet,

Le Secrétaire-général, Chevalier de l'Empire,
Signé, PIIS.

ORDONNANCE

Concernant les Habitans de la Campagne qui ramassent du fumier dans les rues de Paris.

Paris, le 30 août 1813.

NOUS, ÉTIENNE-DENIS PASQUIER, etc.

Considérant que les habitans de la campagne abusent de la facilité dont ils jouissent de ramasser des immondices et du fumier dans les rues de Paris, pour en faire, en contravention aux Ordonnances de police, l'enlèvement à toutes heures de la journée ; que pour choisir celles de ces immondices qui leur conviennent le mieux, ils disséminent les ordures sur la voie publique ; ce qui nuit à la propreté de la ville et à l'exactitude du service du nettoiement ;

Vû les articles 2 et 22 de l'Arrêté du gouvernement du 12 messidor an 8 ;

ORDONNONS ce qui suit :

ART. I.er Les habitans de la campagne qui ramassent des immondices et du petit fumier dans Paris, ne pourront le faire que de grand matin ; ils se serviront de charrettes closes en planches, claies ou toiles. Il leur est défendu d'éparpiller les tas de boues ou de fumier.

Leurs voitures devront être sorties de Paris à *huit heures du matin*, pendant les mois d'octobre, novembre, décembre, janvier, février et mars, et à *sept heures* pendant les six autres mois.

II. Les contrevenans aux dispositions prescrites par l'article précédent seront arrêtés : leurs voitures seront déchargées à la voirie la plus proche et conduites à la fourrière de l'administration, rue Guénégaud.

III. Il n'est rien changé aux autres dispositions de notre Ordonnance du 9 décembre 1811, *contenant le balayage des rues*, qui continueront de recevoir leur exécution.

IV. La présente Ordonnance sera imprimée et affichée.

Les commissaires de police, l'inspecteur-général de Police, les officiers de paix, l'architecte-commissaire de la petite Voirie, l'inspecteur-général de la salubrité et les préposés de la Préfecture de Police sont chargés de tenir la main à son exécution.

Le Conseiller d'État, Préfet, Baron de l'Empire,
Signé, PASQUIER.

Par le Conseiller d'État, Préfet,

Le Secrétaire-général, Chevalier de l'Empire,
Signé, PIIS.

ORDONNANCE

Concernant les mesures de Police qui doivent être observées les 5, 12 et 19 septembre à Saint-Cloud.

Paris, le 3 septembre 1813.

Voyez pour cette Ordonnance, tome *VIII*, page 309.

ORDONNANCE

Concernant le commerce de la Brasserie.

Paris, le 7 septembre 1813.

NOUS, ÉTIENNE-DENIS PASQUIER, etc.

Vû, 1.º les articles 2, 23, 26 et 30 de l'Arrêté du gouvernement du 12 messidor an 8 ;

2.º L'article 1.ᵉʳ de l'Arrêté du 3 brumaire an 9 ;

3.º L'article 11 de la loi du 21 germinal an 11 ;

4.º L'Arrêté du gouvernement du 9 frimaire an 12 ;

5.º Et le décret impérial du 15 octobre 1810 ;

ORDONNONS ce qui suit :

ART. I.er Conformément à l'article 11 du décret impérial du 15 octobre 1810, les brasseries actuellement existantes dans le ressort de la Préfecture de Police, sont maintenues ;

Il ne pourra en être établi de nouvelles sans notre permission.

II. Dans un mois, à compter du jour de la publication de la présente Ordonnance, les brasseurs seront tenus de se faire inscrire à la Préfecture de Police, et de justifier de leurs patentes.

III. Les brasseurs feront inscrire en gros caractères, au-dessus de la principale porte d'entrée de leurs maisons, leurs noms et les lettres initiales de leurs prénoms.

IV. Les brasseurs qui suspendront les travaux de leurs brasseries, seront tenus d'en faire, sans délai, la déclaration à la Préfecture de Police.

Ceux qui céderont leurs établissemens, seront pareillement tenus d'en faire la déclaration, dans la huitaine, à la Préfecture. Les cessionnaires se feront inscrire dans le même délai.

Les brasseurs qui fermeront définitivement leurs brasseries, devront en faire la déclaration dans le mois qui suivra la cessation de leur commerce.

V. Aux termes des articles 8 et 13 du décret impérial du 15 octobre 1810, toute brasserie qui aura été fermée plus de six mois, ne pourra être remise en activité sans notre permission.

VI. Il est défendu de vendre et de débiter de la bière falsifiée ou contenant des mixtions nuisibles à la santé, sous les peines portées par les articles 318 et 475 du Code pénal.

Il est aussi défendu aux charretiers et à leurs aides d'altérer, par des mixtions quelconques, la Bière qui leur sera confiée, sous les peines portées par les articles 387 et 475 du même Code.

VII. Les brasseurs ne peuvent se servir de garçons, charretiers ou aides qui ne seraient pas pourvus de livrets ou dont les livrets ne seraient pas revêtus du congé d'acquit de leurs précédens maîtres. (*Loi du 21 germinal an 11.*)

VIII. Notre Ordonnance du 2 février 1811, qui fixe la contenance des tonneaux à bière, continuera de recevoir son exécution.

IX. Les contraventions seront constatées par des procès-verbaux, qui nous seront adressés.

X. Il sera pris envers les contrevenans aux dispositions ci-dessus, telles mesures de police administrative qu'il appartiendra, sans préjudice des poursuites à exercer contr'eux devant les tribunaux.

XI. La présente Ordonnance sera imprimée, *publiée* et affichée,

Les Sous-Préfets des arrondissemens de S.-Denis et de Sceaux, les Maires et Adjoints des communes rurales du ressort de la Préfecture de Police, les Commissaires de Police, l'Inspecteur-général des boissons, les Inspecteurs des poids et mesures et les Préposés de la Préfecture de Police sont chargés, chacun en ce qui le concerne, de tenir la main à son exécution.

Le Conseiller d'État, Préfet, Baron de l'Empire,
Signé, PASQUIER.

Par le Conseiller d'État, Préfet,
Le Secrétaire-général, Chevalier de l'Empire,
Signé, PIIS.

TE DEUM.

Paris, le 17 septembre 1813.

NOUS, ÉTIENNE-DENIS PASQUIER, etc.

Vû la lettre en date du 14 septembre présent mois, adressée par S. M. l'Impératrice Reine et Régente, à MM. les évêques de l'empire, pour qu'il soit chanté un *Te Deum* en actions de grâces des victoires remportées par Sa Majesté l'Empereur et Roi, sous les murs de Dresde, dans les journées des 16 et 27 août;

Vû aussi la lettre de S. Ex. le ministre de l'intérieur, en date du 16 du même mois;

Ordonnons ce qui suit:

Art. I.er Dimanche prochain 19 septembre, jour où le *Te Deum* sera chanté dans l'église métropolitaine, à midi précis, l'inspecteur-général de la salubrité fera déblayer, avant dix heures du matin, toutes les avenues de la métropole.

II. La circulation des voitures, autres que celles des personnes qui se rendront à la métropole, sera interdite dans les rues de la Juiverie, de la Lanterne, et du Marché-Palu, depuis *dix heures du matin*, jusqu'à la fin de la cérémonie.

III. Les habitans de Paris feront illuminer la façade de leurs maisons dans la soirée du 19 septembre.

IV. L'inspecteur-général du 4.e arrondissement de la police générale est autorisé à prendre toutes les mesures de police que les circonstances nécessiteront.

V. La présente Ordonnance sera imprimée, *publiée* et affichée.

VI. Le colonel-d'armes de la ville de Paris

est spécialement chargé d'en assurer le maintien par tous les moyens qui sont à sa disposition.

VII. L'inspecteur-général du 4.e arrondissement de la police générale de l'empire, les commissaires de police, les officiers de paix, l'inspecteur-général de la salubrité et les préposés de la Préfecture de Police sont chargés, chacun en ce qui le concerne, de tenir la main à son exécution.

Le Conseiller d'État, Préfet, Baron de l'Empire,
Signé, PASQUIER.
Par le Conseiller d'État, Préfet,
Le Secrétaire-général, Chevalier de l'Empire,
signé, PIIS.

ORDONNANCE

Portant défense d'allumer des feux dans les champs à proximité des habitations, des bois et des dépôts de matières combustibles.

Paris, le 21 septembre 1813.

NOUS, ÉTIENNE-DENIS PASQUIER, etc.

Informé que dans des communes rurales du

ressort de la Préfecture de Police, on allume des feux à proximité des habitations, des bois où des dépôts de matières combustibles;

Considérant qu'il peut en résulter des dangers d'incendie qu'il importe de prévenir;

Vû l'article 10 du titre 2 de la loi du 6 octobre 1791, concernant *les biens et usages ruraux et la police rurale*, et l'article 458 du Code pénal;

Et les Arrêts du Gouvernement des 11 messidor an VIII, et 3 brumaire an IX,

ORDONNONS ce qui suit:

ART. I.er Il est défendu d'allumer des feux dans les champs, plus près que *cent mètres* des maisons, édifices, forêts, bruyères, bois, vergers, plantations, hayes, meules et tas de grains, pailles, foins, fourrages, ou de tout autre dépôt de matières combustibles, sous les peines portées par l'article 10 du titre 2 de la loi du 6 octobre 1791.

II. Dans les cas où les feux allumés en contravention à l'article précédent, auraient occasionné l'incendie des propriétés voisines, les contrevenans seront punis conformément à l'ar-

ticle 458 du Code pénal qui prononce une
amende de 50 à 500 francs.

III. Les délits seront constatés par procès-
verbaux, qui nous seront adressés.

IV. Il sera pris envers les délinquans telles
mesures de *police administrative* qu'il appartiendra, sans préjudice des poursuites à exercer
contr'eux devant les tribunaux.

La présente Ordonnance sera imprimée,
publiée et affichée.

Les sous-préfets des arrondissemens de Saint-
Denis et de Sceaux, les maires et adjoints
des communes rurales du ressort de la Préfecture de Police, l'inspecteur-général de police, les officiers de paix, les gardes-champêtres et les préposés de la Préfecture de
Police sont chargés de tenir la main à l'exécution de la présente Ordonnance.

Le Conseiller d'État, Préfet, Baron de l'Empire,

Signé, PASQUIER.

Par le Conseiller d'État, Préfet,

Le Secrétaire-général, Chevalier de l'Empire,

Signé, PIIS.

INSTRUCTION

Concernant la surveillance de la Rivière, des Ports, de l'Entrepôt général des Vins et Eaux-de-Vie, des Chantiers, et des Places de Vente du Charbon.

Paris, le 30 septembre 1813.

Voyez pour cette Instruction, tome *VIII*, page 314.

ORDONNANCE

Concernant les chantiers de bois de déchirage.

Paris, le 11 octobre 1813.

NOUS, ÉTIENNE-DENIS PASQUIER, etc.

Vû l'article 24 de l'Arrêté du Gouvernement du 12 messidor an VIII, et l'article 1.er de l'Arrêté du 3 brumaire an IX;

ORDONNONS ce qui suit:

ART. I.er Il ne peut être tenu aucun chantier

de bois de déchirage dans le ressort de la Préfecture de la Police, sans notre permission.

II. Dans un mois, à compter du jour de la publication de la présente Ordonnance, tout marchand qui voudra continuer le commerce de bois de déchirage, sera tenu d'en demander la permission.

Il joindra à sa pétition le plan figuré du local, lequel indiquera les dimensions et les tenans et aboutissans.

III. Les contraventions aux dispositions de la présente Ordonnance seront constatées par des procès-verbaux, qui nous seront adressés.

IV. Il sera pris envers les contrevenans telles mesures de *police administrative* qu'il appartiendra, sans préjudice des poursuites à exercer contr'eux devant les tribunaux.

V. La présente Ordonnance sera imprimée, publiée et affichée.

Les sous-préfets des arrondissemens de Saint-Denis et de Sceaux, les maires des communes rurales du ressort de la Préfecture de Police, les commissaires de police, l'architecte de la Préfecture, commissaire de la petite Voirie, l'inspecteur - général de la navigation et des ports, et les préposés de la Préfecture de Police, sont chargés de tenir la main à son exécution.

Le Conseiller d'État, Préfet, Baron de l'Empire,
Signé, PASQUIER.

Par le Conseiller d'État, Préfet,

Le Secrétaire-général, Chevalier de l'Empire,
Signé, PIIS.

ARRÊTÉ

Contenant règlement des fonctions de l'architecte-commissaire de la Petite-Voirie.

Paris, le 1.ᵉʳ octobre 1813,

NOUS, ÉTIENNE-DENIS PASQUIER, etc,

Vû l'article 11 de l'Arrêté du Gouvernement du 12 messidor an 8, lequel charge le préfet de police de tout ce qui a rapport à la petite voirie, met, à cet effet, un commissaire sous ses ordes et désigne les attributions de ce commissaire ;

Vû l'article 22 de l'Arrêté de notre prédé-cesseur, en daté du 29 messidor an 11, par lequel les fonctions de l'architecte-commissaire de la petite voirie sont réunies, déterminées et cumulées.

ARRÊTONS ce qui suit :

I.re PARTIE.

Fonctions de l'Architecte de la Préfecture.

ART. I.er Les fonctions principales de l'architecte se composent :

De la direction des travaux de construc-tion, de réparation et d'entretien dont les dépenses sont prélevées sur les fonds mis à notre disposition ;

De la surveillance des bâtimens mis à notre disposition pour le service de la Préfecture, et dont les dépenses de réparation et d'entretien ne sont pas à sa charge ;

De la visite des établissemens particuliers qui doivent être autorisés par un décret impérial ou par un arrêté du Préfet de police ;

Et enfin de la visite de tous objets quel-conques, qui intéressent ou peuvent intéresser directement ou indirectement la liberté de la circulation, la sûreté publique et la salubrité.

II. Les travaux de construction, de réparation et d'entretien dont les dépenses sont prélevées sur les fonds mis à notre disposition, ne pourront être entrepris sans notre autorisation préalable.

Cette autorisation sera toujours précédée d'un devis estimatif de la dépense, dressé par l'architecte.

III. L'architecte pourra néanmoins faire faire les travaux d'*urgence* de réparation ou d'entretien sans autorisation et devis préalables, lorsque la dépense n'excédera pas *cinquante francs*.

Mais, dans la première quinzaine de chaque mois, il nous sera présenté un relevé des dépenses de cette nature, faites pendant le mois précédent.

IV. Les travaux de construction neuve, d'entretien ou réparation seront faits à l'entreprise.

V. Dans le courant de février de chaque année, l'architecte dressera un tableau détaillé de toutes les natures d'ouvrages qui seront susceptibles d'être donnés à l'entreprise, ainsi que de la qualité et de la façon des matériaux.

VI. A la fin du même mois, des entrepreneurs seront appelés à prendre connaissance de ce tableau et à remettre des soumissions cachetées, contenant les prix auxquels ils consentent que leurs mémoires soient réglés.

Sur le rapport du chef de la division du sécrétariat et de l'architecte, nous désignerons les entrepreneurs auxquels nous confierons les travaux.

VII. Dans le cas où quelques travaux ne seraient pas prévus, ils seront réglés suivant l'usage de la direction des travaux publics de Paris.

VIII. Un inspecteur suivra la construction des ouvrages et tous les détails de leur exécution, conformément aux devis approuvés.

Cet inspecteur constatera la qualité des matériaux et leur bon emploi.

IX. Un vérificateur sera chargé de faire les toisés en présence de l'inspecteur.

Il se concertera avec lui pour établir le prix des ouvrages.

Son réglement sera vérifié et visé par l'architecte.

Ses honoraires seront portés au pied des mémoires et compris dans le réglement.

Nous nous réservons de les fixer.

X. La surveillance des bâtimens mis à notre disposition pour le service de la Préfecture de Police et dont les dépenses d'entretien ne sont pas à sa charge, a pour objet de nous mettre à portée de provoquer les réparations de ces bâtimens auprès de l'autorité qui en est chargée.

En conséquence, l'architecte se bornera à nous rendre compte des dégradations desdits bâtimens par des rapports sommaires.

XI. L'architecte veillera, concurremment avec les commissaires de police, à ce que personne n'altère ou dégrade les monumens et édifices publics appartenans à la couronne, au domaine public ou à la ville, et nous rendra compte des réparations extérieures dont ils auront besoin.

XII. L'architecte, d'après nos ordres, pro-

cédera ou fera procéder à la visite des établissemens particuliers qui doivent être autorisés
soit par un décret impérial ou par un arrêté du
Préfet de police.

Il examinera ou fera examiner si ces établissemens sont disposés d'une manière analogue
à leur destination, et s'ils ne présentent aucun
danger d'incendie pour eux-mêmes ou pour les
habitations voisines.

Cette opération sera constatée par un procès-
verbal au pied duquel l'architecte nous donnera
son avis motivé.

XIII. Les autorisations étant accordées,
l'architecte visitera ou fera visiter les mêmes
établissemens, avant leur mise en activité,
pour s'assurer de l'exécution des dispositions
prescrites.

Il constatera l'exécution de ces dispositions,
et, au besoin, nous proposera les mesures qu'il
jugera convenables à la sûreté publique.

XIV. L'architecte se conformera aux deux
précédens articles et aux instructions spéciales
que nous serons dans le cas de lui donner pour
tous autres objets quelconques qui peuvent

intéresser la liberté de la circulation, la sûreté publique ou la salubrité.

II.e PARTIE.

Fonctions du Commissaire de la Petite Voirie.

I.re SECTION

Péril des Bâtimens.

XV. Le péril des bâtimens se distingue:

En péril menaçant actuellement la sûreté publique,

Lorsqu'un bâtiment ou une partie de bâtiment est dans un état de péril imminent, le commissaire de la petite voirie est autorisé, concurremment avec les commissaires de police, à prendre *d'urgence* toutes les mesures nécessaires pour faire cesser le danger; il nous en rend compte sur-le-champ par un rapport.

XVI. Lorsque le péril d'un bâtiment ou d'une partie de bâtiment ne nécessite pas de mesures urgentes, le commissaire de la petite voirie en fait constater l'état par un inspecteur-divisionnaire.

XVII. Si le péril est contesté, le commissaire de la petite voirie, procède *lui-même* à une visite contradictoire, reçoit les dires et observations du propriétaire ou de son expert et les consigne dans son procès-verbal.

XVIII. S'il y a lieu à une tierce expertise, le tiers expert procède à la visite en présence du commissaire de la petite voirie et en celle de l'expert du propriétaire.

Le procès-verbal de cette visite nous est soumis pour être par nous statué ce que de droit.

XIX. L'état des ouvriers employés à une démolition d'office et les autres frais de démolition seront constatées par des attachemens pris par un commissaire de police et par l'inspecteur divisionnaire.

XX. Le commissaire de la petite voirie et le commissaire de police du quartier veilleront à la conservation des matériaux provenant des démolitions opérées d'office, tant pour l'intérêt du propriétaire que pour celui des entrepreneurs.

Ils sont autorisés à établir gardien quand ils le jugent convenable.

2.ᵉ SECTION.

Saillies sur la voie publique.

XXI. Les permissions de saillies, tenant aux maisons ou boutiques et qui prennent sur la voie publique, continueront à être délivrées par nous.

XXII. Le commissaire de la petite voirie, d'après nos ordres, vérifiera ou fera vérifier préalablement les lieux et nous donnera son avis.

XXIII. Les minutes des permissions inscrites sur le registre à souche seront revêtues de notre griffe et consignées par le chef d'attribution.

Les expéditions de ces permissions seront signées du secrétaire-général seul.

XXIV. Les saillies autorisées seront vérifiées, après l'exécution des travaux, par les commissaires de police, et contrôlées, au besoin, par les inspecteurs divisionnaires.

Ces deux opérations seront constatées par des procès-verbaux de recolement.

III.ᵉ PARTIE.

Organisation du service de l'architecte-Commis-
saire de la petite voirie.

XXV. L'architecte-commissaire de la petite
voirie nous rend compte de toutes ses opérations
et de celles de ses subordonnés.

Il a sous ses ordres :

Des architectes-inspecteurs divisionnaires,

Des sous-inspecteurs,

Et des employés.

Les architectes-inspecteurs divisionnaires et
les sous-inspecteurs rendent compte à l'architecte-commissaire de la petite voirie.

XXVI. Les architectes-inspecteurs divisionnaires et les sous-inspecteurs continueront
d'exercer leurs fonctions dans les arrondissemens qui leur ont été assignés.

XXVII. Ces arrondissemens ne limitent ni
ne circonscrivent leurs devoirs respectifs, mais
indiquent seulement les termes dans lesquels
chacun d'eux est plus spécialement astreint à un
exercice constant et régulier de ses fonctions.

En conséquence, lorsque l'architecte-commissaire de la petite voirie croira une affaire susceptible d'un examen particulier, il en chargera tel architecte-inspecteur divisionnaire qu'il jugera à propos de désigner.

XXVIII. Les chefs d'attribution transmettront à l'architecte-commissaire de la petite voirie, les pièces de toutes les affaires qui concernent ses fonctions.

XXIX. Ces pièces seront enregistrées sur un sommier qui sera ouvert, à cet effet, dans le bureau de l'architecte-commissaire de la petite Voirie.

Ce sommier sera divisé en sept colonnes destinées à recevoir :

La date de la transmission des pièces,

Le nom des autorités ou des personnes que ces pièces pourront concerner,

L'analyse des affaires,

Le nom des inspecteurs-divisionnaires auxquels ces affaires seront renvoyées,

La date de leurs rapports,

L'analyse de leur avis et de celui de l'architecte-commissaire de la petite voirie,

(142)

Et la date du dépôt des pièces au secrétariat, pour être renvoyées aux bureaux d'attribution.

XXX. Le bureau de l'architecte-commissaire de la petite voirie sera établi dans notre hôtel.

XXXI. Les architectes inspecteurs divisionnaires s'y réuniront les mardi, jeudi et samedi de chaque semaine à deux heures précises, pour conférer avec l'architecte-commissaire de la petite voirie sur toutes les affaires de leurs arrondissemens respectifs, lui remettre leurs rapports et recevoir les pièces des affaires qui doivent leur être confiées.

XXXII. Chaque jour où il n'y aura pas de réunion, un des architectes-inspecteurs divisionnaires, se rendra, à tour de rôle, à notre hôtel à deux heures précises, pour recevoir les pièces des affaires urgentes qui seront parvenues au bureau de l'architecte-commissaire de la petite voirie, dans le cours de la matinée,

XXXIII. Les arrêtés de notre prédécesseur concernant les fonctions de l'architecte-commissaire de la petite voirie, continueront à recevoir

(143)

leur exécution en tout ce qui n'est pas contraire
aux dispositions du présent.

Le Conseiller d'État, Préfet, Baron de l'Empire
Signé, PASQUIER.

Par le Conseiller d'État, Préfet,

Le Secrétaire-général, Chevalier de l'Empire,
Signé, PIIS.

ORDONNANCE

*Concernant le commerce des grains et grenailles
dans les communes rurales du ressort de la
Préfecture de Police.*

Paris, le 14 octobre 1815.

NOUS, ÉTIENNE-DENIS PASQUIER, etc.

Considérant que des cultivateurs et des marchands de divers départemens colportent et
vendent des grains et grenailles dans les communes rurales du ressort de la Préfecture de
Police, ce qui diminue d'autant l'approvisionnement de la halle de Paris, et contribue à
faire augmenter le prix de ces denrées;

Considérant d'ailleurs que ces sortes de ventes ne pouvant être surveillées, les acheteurs sont exposés à être trompés sur la quantité et la qualité des marchandises;

Vu les articles 2, 22 et 32 de l'Arrêté du Gouvernement du 12 messidor an VIII, et l'article 1.er de l'Arrêté du 3 brumaire an IX;

ORDONNONS ce qui suit :

ART. I.er Il est défendu de colporter des grains et grenailles, d'en vendre ou d'en acheter sur bateaux ou sur la voie publique, dans les communes rurales du ressort de la Préfecture de Police, sous peine de confiscation et de mille francs d'amende. (*Déclaration du Roi du 19 avril 1723.*)

II. Les grains et grenailles amenés dans le ressort de la Préfecture de Police, et qui doivent être livrés au commerce, seront conduits à Paris; savoir, ceux venant par terre, à la halle aux grains et farines, et ceux venant par eau, au port de la Grève.

Sont exceptés les grains et grenailles amenés à destination particulière.

III. Les conducteurs de grains et grenailles

expédiés à destination, devront être porteurs ;
savoir, pour les expéditions par terre, d'un
certificat du maire de leur commune, constatant la destination, et pour les expéditions par
eau, d'une lettre de voiture en bonne forme.

Faute par les conducteurs d'être munis de
ces certificats ou lettres de voitures, les grains
et grenailles seront conduits, selon la nature
de leur arrivage, sur le carreau de la halle ou
sur le port.

IV. Les contraventions seront constatées
par des procès - verbaux, qui nous seront
adressés.

V. Il sera pris envers les contrevenans
telles mesures de *police administrative* qu'il
appartiendra, sans préjudice des poursuites
à exercer contr'eux devant les tribunaux,
conformément aux lois et aux réglemens.

VI. La présente Ordonnance sera imprimée, *publiée* et affichée.

Les sous-préfets des arrondissemens de Saint-
Denis et de Sceaux, les maires des communes
rurales du ressort de la Préfecture de Police,
l'inspecteur-général de la navigation et des

ports, le contrôleur de la halle aux grains et farines, et les préposés de la Préfecture de Police sont chargés, chacun en ce qui le concerne, de tenir la main à son exécution.

Le Conseiller d'État, Préfet, Baron de l'Empire,
Signé, PASQUIER.

Par le Conseiller d'État, Préfet,

Le Secrétaire-général, Chevalier de l'Empire,
Signé, PIIS.

ORDONNANCE
Concernant les Amphithéâtres d'Anatomie et de Chirurgie.

Paris, le 15 octobre 1813.

NOUS, ÉTIENNE-DENIS PASQUIER, etc.

Considérant que les amphithéâtres particuliers dans lesquels on traite de l'anatomie ou de la chirurgie, étant trop petits, trop peu aérés et manquans des moyens convenables pour entretenir la propreté, sont depuis long-temps l'objet des réclamations de toutes les personnes chargées de veiller à la salubrité de la ville de Paris, qu'ils sont des foyers constans d'infection et d'insalubrité, et deviennent la cause de maladies très-dangereuses;

Considérant que les amphithéâtres d'anatomie et de chirurgie, lorsqu'ils sont situés dans les hôpitaux, ont des inconvéniens encore bien plus graves sur le physique et le moral des malades; ce que le conseil-général des hospices a reconnu dans un arrêté qu'il vient de prendre, et par lequel il défend expressément les dissections dans les hôpitaux et hospices;

Considérant que les pavillons d'anatomie de la Faculté de médecine de Paris et l'amphithéâtre établi près l'hôpital de la Pitié, réunissent tous les avantages que l'on doit désirer dans un établissement de cette nature et suffisent parfaitement aux besoins de l'instruction;

Vû l'Arrêté du conseil-général d'administration des Hospices civils de Paris, en date du 22 septembre dernier;

L'offre faite par la Faculté de médecine de fournir un local commode et les cadavres nécessaires à tous les docteurs qui sont autorisés à faire des cours d'anatomie et de chirurgie, et de fournir aussi des sujets aux amphithéâtres du Jardin-des-Plantes, du collége impérial de France et à l'école de peinture et de sculpture, lesquels sont délivrés dans les pavillons de la Faculté, sur les bons des directeurs de ces établissemens ;

L'article 23 de l'Arrêté du Gouvernement du 12 messidor an 8 ;

ORDONNONS ce qui suit :

ART. Ier Il est défendu d'ouvrir dans Paris, aucun amphithéâtre particulier, soit pour professer l'anatomie ou la médecine opératoire, soit pour y faire disséquer ou *manœuvrer* sur le cadavre, les opérations chirurgicales.

II. Il est également défendu de disséquer et de *manœuvrer* les opérations sur le cadavre dans les hôpitaux, hospices, maisons de santé, infirmeries, maisons de détention, etc.

III. Il n'y aura des salles de dissections et d'exercice sur l'anatomie et la chirurgie que dans les pavillons de la Faculté de médecine et dans l'amphithéâtre établi près de l'hôpital de la Pitié.

IV. Les corps de toutes les personnes décédées dans les hôpitaux, hospices, etc., même ceux qui auraient été ouverts, seront délivrés sur les bons du doyen de la Faculté de médecine et transportés dans les pavillons de la Faculté.

Sont exceptées de cette disposition les personnes qui sont décédées dans les trois cliniques de la Faculté, et celles dont les parens réclameront les corps pour les faire enterrer à leurs fais.

V. Aucun cadavre ne pourra être enlevé que *vingt-quatre* heures après le décès.

VI. Il ne pourra être pris aucun cadavre dans les cimetières.

VII Tous les cadavres apportés dans les pavillons d'anatomie de la Faculté de médecine, seront partagés ainsi qu'il suit : la Faculté en gardera quatre cinquièmes, l'autre cinquième sera destiné à être employé aux divers exercices qui se feront dans l'amphithéâtre de la Pitié. Ils seront délivrés, tous les jours, sur des bons signés d'un membre de la commission exécutive de l'administration des hospices civils.

VIII. Les débris des cadavres seront portés soigneusement au cimetière de Clamart, pour y être enterrés.

IX. Il est enjoint à ceux qui sont chargés d'enlever les cadavres pour les transporter, soit aux amphithéâtres ci-dessus désignés, soit au cimetière, d'observer la décence convenable.

X. Les cadavres seront portés dans les amphithéâtres, dans des voitures couvertes, entre *neuf et dix* heures du soir.

XI. Les contraventions seront constatées par des procès-verbaux qui nous seront adressés.

XII. Il sera pris envers les contrevenans telles mesures de police administrative qu'il appartiendra, sans préjudice des poursuites à exercer contr'eux devant les tribunaux, conformément aux lois et aux réglemens de police.

XIII. La présente Ordonnance sera imprimée.

Ampliation en sera adressée à M. le Préfet du département de la Seine, au conseil-général d'administration des hospices civils de Paris, à la commission exécutive de l'administration des hospices et au doyen de la Faculté de médecine.

Les commissaires de police , l'inspecteur-général de police, les officiers de paix, l'inspecteur-général de la salubrité et les préposés de la Préfecture de Police, sont chargés de tenir la main à son exécution.

Le Conseiller d'État, Préfet, Baron de l'Empire,
Signé, PASQUIER.

Par le Conseiller d'Etat, Préfet ,

Le Secrétaire-général, Chevalier de l'Empire ;
Signé, PIIS.

ORDONNANCE

Concernant la police de la rivière et des ports, pendant l'hiver, et dans les temps des glaces, grosses eaux et débacles.

Paris, le 28 octobre 1813.

Voyez pour cette Ordonnance, tome *VIII,* page 343.

ORDONNANCE

Concernant la translation du marché aux Plantes médicinales indigènes, fraîches ou sèches.

Paris, le 25 novembre 1813.

NOUS, Étienne-Denis PASQUIER, etc,

Considérant que les motifs qui nous avaient déterminé à ordonner la translation du marché aux plantes médicinales indigènes, fraîches ou sèches, rue de la Petite-Friperie, n'existent plus, et que l'ordre public exige que ce marché soit reporté rue de la Poterie;

Vû les articles 2 et 33 de l'Arrêté du Gouvernement du 12 messidor an 8;

ORDONNONS ce qui suit :

ART. I.er A compter du 1.er *décembre prochain*, le marché aux plantes médicinales indigènes, fraîches ou sèches tiendra, rue de la Poterie, le long du trotoir de la halle aux draps et aux toiles.

II. Les marchands seront placés par ordre

d'ancienneté, et leurs places seront numé-
rotées.

III. Il n'est point dérogé aux autres dispositions de notre Ordonnance du 3 novembre
1810, lesquelles continueront de recevoir leur
exécution.

XX. La présente Ordonnance sera imprimée,
publiée et affichée.

Le commissaire de police du quartier des
marchés, le commissaire des halles et marchés
et les préposés de la Préfecture de Police, sont
chargés de tenir la main à son exécution.

Le Conseiller d'État, Préfet, Baron de l'Empire,
Signé, PASQUIER.

Par le Conseiller d'État, Préfet,
Le Secrétaire-général, Chevalier de l'Empire,
Signé, PIIS.

GLACES ET NEIGES.

Paris, le 1.er décembre 1813.

Voyez pour cette Ordonnance, *tome IX,*
page 1.

ANNIVERSAIRE.

Paris, le 3 décembre 1813.
Voyez, tome VIII, page 388.

ORDONNANCE

Concernant des mesures de Police relatives à l'ouverture de la Session du Corps-Législatif.

Paris, le 17 décembre 1813.

NOUS, ÉTIENNE-DENIS PASQUIER, etc,

Vû l'article 1.er du Décret impérial du 29 novembre dernier, portant que l'ouverture de la session du Corps Législatif aura lieu Dimanche, 19 décembre présent mois;

Vû la lettre de S. Ex. le grand maître des cérémonies;

ORDONNONS ce qui suit:

ART. I.er Dimanche prochain, 19 décembre,

jour de l'ouverture de la session du Corps
Législatif, la circulation et le stationnement
des voitures seront interdits à compter de *dix
heures* du matin jusqu'après le retour de Sa
Majesté au palais impérial des Tuileries,

Sur la place et le pont de la Concorde,

Sur le quai Bonaparte jusqu'au quinconce des
Invalides, le boulevart des Invalides jusqu'à
la rue de Vaugirard, la rue de Vaugirard
jusqu'à la rue de Tournon, la rue du Brave,
la rue des Quatre-Vents, la rue des Fossés-
S.-Germain-des-Prés, le carrefour de Bussi, la
rue Dauphine, le pont Neuf, le quai de l'École,
le quai du Louvre et le quai des Tuileries
jusqu'à la place de la Concorde, et dans toutes
les parties de la voie publique comprises dans
cette enceinte.

II. Les voitures des autorités ou des personnes qui se rendront, des quartiers de la rive
gauche de la Seine, au palais du Corps Législatif, arriveront aux cours de ce palais par
les rues du Bac et de l'Université.

Les voitures des autorités ou des personnes
qui s'y rendront des quartiers de la rive droite

arriveront, soit par le pont Neuf ou par le pont Royal.

Celles qui arriveront par le pont Neuf, suivront les quais jusqu'à la rue du Bac.

Celles qui arriveront par le pont Royal se réuniront en une seule file à celles venant par le pont Neuf, et arriveront au palais du Corps Législatif par les rues du Bac et de l'Université.

III. Il est défendu de traverser les cortéges.

IV. Il est pareillement défendu de monter sur les parapets des ponts et des quais.

V. L'inspecteur-général de la police prendra toutes les mesures non prévues qui seraient nécessaires pour le maintien de l'ordre et de la sûreté publique.

Il se concertera pour l'exécution avec le commandant de la force armée.

VI. Il sera pris envers les contrevenans, telles mesures de police administrative qu'il appartiendra, sans préjudice des poursuites à exercer contr'eux devant les tribunaux.

VII. La présente Ordonnance sera imprimée, *publiée* et affichée.

Le colonel d'armes de Paris en assurera le

maintien par tous les moyens qui sont à sa disposition.

L'inspecteur-général du 4.ᵉ arrondissement de la police générale de l'Empire, les commissaires de police, les officiers de paix et les préposés de la Préfecture de Police sont chargés de tenir la main à son exécution.

Le Conseiller d'Etat, Préfet, Baron de l'Empire,
Signé, PASQUIER.

Par le Conseiller d'Etat, Préfet,

Le Secrétaire-général, Chevalier de l'Empire,
Signé, PIIS.

ORDONNANCE

Concernant la vérification annuelle des Poids et Mesures.

Paris, le 30 *décembre* 1813.

Voyez pour cette Ordonnance, tome *VIII,* page 391.

Nota. Les Poids et Mesures porteront pour l'année 1814, la lettre *M.*

ORDONNANCE

Qui interdit le passage des Voitures sur le Pont provisoire pratiqué port de l'Arsenal.

Paris, le 7 janvier 1814.

NOUS, ÉTIENNE-DENIS PASQUIER, etc.

Vû la lettre de M. Becquey de Beaupré, ingénieur en chef, directeur des ponts et chaussées du département de la Seine, en date d'hier, par laquelle il nous annonce que, pour donner à l'atelier de la gare de l'Arsenal, tout le développement dont il est susceptible, il est nécessaire d'interdire le passage des voitures sur le pont provisoire faisant partie du chemin qui communique du pont d'Austerlitz au boulevart Bourdon;

ORDONNONS ce qui suit :

ART. I.er A compter de ce jour, le passage des voitures sur le pont provisoire faisant partie du chemin qui communique du pont d'Austerlitz au boulevart Bourdon, est interdit,

Les voitures seront dirigées sur la rue Lacuée

ART. II. La présente Ordonnance sera imprimée et affichée.

Le commissaire de police du quartier de l'Arsenal, l'inspecteur-général de police, les officiers de paix, l'inspecteur-général de la navigation et des ports, et les préposés de la Préfecture de Police sont chargés de tenir la main à son exécution.

Le Conseiller d'État, Préfet, Baron de l'Empire,
Signé, PASQUIER.

Par le Conseiller d'État, Préfet,

Le Secrétaire-général, Chevalier de l'Empire,
Signé, PIIS.

DÉCRET IMPÉRIAL

Portant règlement sur le Commerce des Vins à Paris.

Au Palais des Tuileries, le 15 décembre 1813.

NAPOLÉON, Empereur des Français, Roi d'Italie, Protecteur de la Confédération du

Rhin, Médiateur de la Confédération Suisse, etc., etc., etc.

Sur le rapport de notre ministre des Manufactures et du Commerce ;

Notre conseil d'état entendu,

Nous avons décrété et décrétons ce qui suit :

SECTION I.re

Du commerce de Vins.

ART. I.er La patente de marchand de vin en gros ou en détail, établi dans notre bonne ville de Paris, est déclarée spéciale, et sera, pour tous les marchands, de 100 fr. de droit fixe, sans préjudice du droit proportionnel.

II. Néanmoins les traiteurs, restaurateurs et aubergistes continueront, avec la patente de leur profession, à vendre et débiter du vin en bouteille aux personnes auxquelles ils donnent à manger.

III. Tout individu exerçant actuellement la profession de marchand de vin en gros ou en détail, ou vendant du vin en détail, quoiqu'exerçant une autre profession, est autorisé à continuer la profession de marchand de vin, à la charge,

1.º De se pourvoir, dans six mois, de la patente exigée par l'article 1.er;

2.º De déclarer son intention, dans le même délai de six mois, à la Préfecture de Police, et d'en retirer certificat;

3.º De se faire inscrire également chez le syndic des marchands de vin;

4.º D'avoir à sa principale porte un écriteau indicatif de sa profession de marchand de vin.

IV. Tout individu qui voudra, à l'avenir, exercer la profession de marchand de vin, sera tenu de se faire inscrire comme il est dit à l'article précédent, de faire connaître la rue et la maison où il veut s'établir, et d'en obtenir l'autorisation du Préfet de Police.

V. Tout marchand de vin déjà établi qui voudra changer de domicile, ou avoir une cave de débit de plus, sera tenu de faire la même déclaration, et d'en obtenir l'autorisation du Préfet de Police.

VI. Nul marchand de vin en détail ne pourra avoir en vertu de sa patente fixe et

spéciale, qu'une seule cave en ville pour le
débit en détail, outre son principal établissement. S'il veut avoir une ou plusieurs caves
de débit en outre, il payera, pour chacune,
le droit fixe de patente, sans préjudice du
droit proportionnel.

VII. Les syndic et adjoints des marchands
de vin présenteront un projet de statuts pour
la discipline et le régime intérieur de leur
commerce. Il nous sera soumis, pour être,
s'il y a lieu, homologué en notre conseil
d'état, sur le rapport de notre ministre du
commerce.

SECTION II.

De la vente du vin par les propriétaires.

VIII. Il n'est rien innové au droit qu'ont
toujours eu les propriétaires, de vendre le
vin de leur crû, en faisant la déclaration à
la Préfecture de Police.

IX. Tout habitant ayant fait entrer du
vin dans sa cave, et ayant payé les droits,
peut le céder ou le vendre à qui bon lui

semble, sans être assujéti à aucun droit ni
à aucune déclaration.

SECTION III.

Des commissionnaires.

X. Tout individu vendant des vins par
commission pour plusieurs propriétaires, est
tenu de se pourvoir, à Paris, de la patente
de commissionnaire, sans que les patentes
prises dans une autre commune puissent y
suppléer.

SECTION IV.

Dispositions prohibitives et pénales.

XI. Il est défendu à toutes personnes
faisant à Paris le commerce de vins, de
fabriquer, altérer ou falsifier les vins, d'avoir
dans leurs caves, celliers et autres parties de
leur domicile ou magasin, des cidres, bières,
poirés, sirops, mélasse, bois de teinture,
vins de lie pressée, eaux colorées et préparées,
et aucunes matières quelconques propres à
fabriquer, falsifier ou mixtionner les vins;
et ce, sous les peines portées aux articles

318, 475 et 476 du code pénal, et en outre,
sous peine de fermeture de leurs établissemens
par ordonnance du Préfet de Police.

XII. Tous marchands et commissionnaires
qui exerceraient le commerce des vins sans
patente, ou contreviendraient aux dispositions
du présent décret, seront passibles des peines
portées aux articles 37 et 38 de la loi du
1.er brumaire an 7.

Néanmoins, tout individu qui enverra du
vin à l'entrepôt de Paris, et le fera sortir
pour envoyer hors de la ville, ne sera pas
tenu de prendre de patente, pour raison de cet
entrepôt, s'il ne fait d'ailleurs le commerce de
vins dans Paris.

SECTION V.

Des courtiers gourmets piqueurs de vins.

XIII. Il sera nommé des courtiers gourmets
piqueurs de vins. Leur nombre ne pourra
excéder cinquante.

XIV. Leurs fonctions seront,

1.° De servir, exclusivement à tous autres,
dans l'entrepôt, d'intermédiaires, quand ils

en seront requis, entre les vendeurs et acheteurs de boissons ;

2.º De déguster, à cet effet, lesdites boissons, et d'en indiquer fidèlement le crû et la qualité ;

3.º De servir aussi, exclusivement à tous autres, d'experts en cas de constestation sur la qualité des vins, et d'allégation contre les voituriers et bateliers arrivant sur les ports ou à l'entrepôt, que les vins ont été aketés ou falsifiés.

XV. Ils seront tenus de porter, pour se faire connaître dans l'exercice de leurs fonctions, une médaille d'argent aux armes de la ville, et portant pour inscription : *Courtiers gourmets piqueurs de vins, n.º*

XVI. Ils seront nommés par notre ministre du commerce, sur la présentation du Préfet de Police, et à la charge de représenter un certificat de capacité des syndics des marchands de vin.

XVII. Ils fourniront un cautionnement de 1200 fr., qui sera versé à la caisse du Montde-Piété, et dont ils recevront un intérêt de 4 pour 100.

XVIII. Ils ne pourront faire aucun achat ou vente pour leur compte ou par commission, sous peine de destitution.

XIX. Ils prêteront serment devant le tribunal de commerce du département de la Seine, et y feront enregistrer leur commission.

XX. Ils ne pourront percevoir, pour leur commission d'achat ou de dégustation, comme experts, autre ni plus fort droit que celui de soixante-quinze centimes par pièce de deux hectolitres et demie, payable moitié par le vendeur, moitié par l'acheteur.

XXI. Le tiers de ce droit sera mis en bourse commune, pour répartir tous les trois mois également entre tous les courtiers ; les deux autres tiers appartiendront au courtier qui aura fait la vente.

XXII. Ils nommeront entr'eux, à la pluralité des voix, un syndic et six adjoints, lesquels formeront un comité chargé d'exercer la discipline, de tenir la bourse commune, et d'administrer les affaires de la compagnie ;

sous la surveillance du Préfet de Police et l'autorité du ministre du commerce et des manufactures.

XXIII. Tout courtier gourmet piqueur de vin contre lequel il sera porté plainte d'avoir favorisé la fraude à l'entrée des barrières, ou à la sortie de l'entrepôt, ou de toute autre manière, sera destitué par notre ministre du commerce, s'il reconnaît, après instruction faite par le Préfet de Police, que la plainte est fondée.

XXIV. Tout individu exerçant frauduleusement les fonctions desdits courtiers, sera poursuivi conformément aux règles établies à l'égard de ceux qui exercent clandestinement les fonctions des courtiers de commerce.

XXV. Les courtiers de commerce près la Bourse de Paris continueront toutefois l'exercice de leurs fonctions pour le commerce de vins, et pourront déguster, peser à l'aréomètre, et constater la qualité des eaux-de-vie et esprits déposés à l'entrepôt, concurremment avec les courtiers gourmets piqueurs de vins.

XXVI. Notre ministre des manufactures

et du commerce est chargé de l'exécution du présent décret, qui sera inséré au Bulletin des Lois.

Signé, NAPOLÉON.

Par l'Empereur,

Le Ministre Secrétaire-d'État
Signé, H. B. Duc de Bassano.

Pour copie conforme,

Le Secrétaire-général de la Préfecture de Police,
Chevalier de l'Empire, signé, PIIS.

ORDONNANCE.

Paris, le 11 janvier 1814.

NOUS, Étienne-Denis PASQUIER, etc.

Vû le décret impérial du 15 décembre 1813, portant réglement sur le commerce des vins à Paris;

Et la lettre de S. Ex. le ministre des manufactures et du commerce, du 24 du même mois;

Vû aussi les articles 2, 23, 26, 30, 31, 32 et 33, de l'Arrêté du Gouvernement du 12 messidor an VIII;

Et l'article 1.er de l'Arrêté du 3 brumaire an IX;

Ordonnons ce qui suit :

Art. I.er Le décret impérial, du 15 décembre 1813, *portant réglement sur le commerce des vins, à Paris*, sera imprimé, publié et affiché avec la présente Ordonnance.

II. Dans six mois, à compter de la publication du Décret du 15 décembre dernier, les marchands de vin actuellement établis à Paris, et qui désireront continuer leur profession, seront tenus, conformément à l'art. 3 dudit Décret, de faire leur déclaration à la Préfecture de Police, d'indiquer la situation de leurs établissemens, et de justifier de la patente réglée par l'article 1.er

Les déclarations seront inscrites sur un registre qui sera ouvert à cet effet, à la Préfecture de Police.

III. Pour l'exécution de l'article 4 du Décret

du 15 décembre dernier, il sera pareillement ouvert, à la Préfecture de Police, un registre pour y inscrire la déclaration des personnes qui voudront à l'avenir exercer la profession de marchand de vin à Paris.

IV. Tout marchand de vin qui cessera le commerce ou fermera une cave en ville, sera tenu d'en faire la déclaration à la Préfecture de Police.

V. Toute boutique ou cave fermée pendant six semaines, ne pourra être ouverte sans notre autorisation.

VI. Les marchands de vin seront tenus d'avoir des comptoirs couverts en étain au titre, et marqués du poinçon du fabricant. Il leur est défendu de les faire couvrir en plomb, à peine de confiscation et de 500 fr. d'amende. (*Déclaration du 14 juin 1777, art. 1.er*)

VII. Il est défendu aux marchands de vin de se servir de garçons qui ne seraient pas pourvus de livrets, ou dont les livrets ne seraient pas revêtus du congé d'acquit de

leurs précédens maîtres, sous les peines portées par la loi du 22 germinal an XI.

VIII. Les propriétaires qui voudront vendre
le vin de leur crû, devront joindre à la
déclaration prescrite par l'article 8 du Décret
du 15 décembre dernier, un certificat du
maire de la commune où leurs vignes sont
situées, constatant que les vins qu'ils expé-
dient à Paris, proviennent de leur récolte. Ils
en représenteront les lettres de voiture à toute
réquisition.

IX. Dans le cas ou ces propriétaires vou-
draient débiter leurs vins, ils seront tenus,
ainsi que les marchands de vin en détail,
d'avoir au moins une série complète de
mesures usuelles duement vérifiées et étalonnées.

Il est enjoint aux uns et aux autres de tenir
ces mesures dans le plus grand état de propreté, ainsi que tous les ustensiles de leurs
commerce.

X. Il est défendu aux traiteurs, restaurateurs et aubergistes de vendre du vin à
d'autres qu'aux personnes auxquelles ils donnent

à manger, et pour être consommé dans leurs établissemens.

Ils ne peuvent avoir de comptoirs à l'usage des marchands de vin.

XI. Il est défendu d'acheter des vins sur les ports de Paris ou dans les entrepôts pour les revendre sur place. (*Ordonnance de 1672, art. 11, ch. 8.*)

XII. Il défendu d'aller, dans l'étendue du ressort de la Préfecture de Police, au devant des vins, et de les acheter pour revendre sur les ports ou dans les entrepôts. (*Ordonnance de 1672, art. 6, ch. 8.*)

XIII. Les commissaires de vins seront tenus de se faire inscrire à la Préfecture de Police, et de justifier de leurs patentes.

XIV. Les dispositions de l'Ordonnance du 7 floréal an XII, concernant la police des garçons marchands de vin, sont maintenues en ce qui n'est pas contraire aux dispositions de la présente Ordonnance.

XV. Les contraventions seront constatées par des procès-verbaux qui nous seront adressés.

XVI. Il sera pris envers les contrevenans telles mesures de police administrative qu'il appartiendra, sans préjudice des poursuites à exercer contr'eux devant les tribunaux, conformément aux lois et réglemens.

XVII. Les sous-préfets des arrondissemens de S.-Denis et de Sceaux, les maires des communes rurales du ressort de la Préfecture de Police, les commissaires de police, l'inspecteur-général de police, les officiers de paix, l'inspecteur-général de la navigation et des ports, chargé de l'inspection des boissons, les inspecteurs des poids et mesures, et les préposés de la Préfecture de Police sont chargés, chacun en ce qui le concerne, de tenir la main à l'exécution de la présente Ordonnance.

Le Conseiller d'État, Préfet, Baron de l'Empire,
Signé, PASQUIER.

Par le Conseiller d'État, Préfet,

Le Secrétaire-général, Chevalier de l'Empire,
Signé, PIIS.

ORDONNANCE

Concernant les Masques pendant le Carnaval.

Paris, le 16 février 1814.

Voyez pour cette Ordonnance, tome *IX*, page 38.

ORDONNANCE

Concernant la prohibition de la Chasse.

Paris, le 1.er mars 1814.

Voyez pour cette Ordonnance, tome *VIII*, page 295.

EMBLÊMES ET ARMOIRIES.

LE GOUVERNEMENT PROVISOIRE ARRÊTE :

1.° Que les emblêmes, chiffres et armoiries

qui ont caractérisé le gouvernement de Bonaparte, seront supprimés et effacés par-tout
où ils peuvent exister ;

2.º Que cette suppression sera exclusivement
opérée par les autorités de Police ou Muni-
cipales, sans que le zèle individuel d'aucun
particulier puisse y concourir ou les prévenir ;

3.º Qu'aucune adresse, proclamations,
feuilles publiques ou écrits particuliers ne
contiendra d'injures ou expressions outrageantes
contre le gouvernement renversé, la cause
de la Patrie étant trop noble pour adopter
aucun des moyens dont il s'est servi.

À Paris, le 4 avril 1814.

Signé, F.ois DE JAUCOURT.
LE G.al BEURNONVILLE.
LE DUC DE DALBERG.
Signé, DUPONT (de Nemours),
Secrétaire du Gouvernement.

Pour copie conforme :

*Le Commissaire provisoire de l'Intérieur
et des Cultes, par interim,*
Signé, BENOIST.

ORDONNANCE.

Paris, le 5 avril 1814.

NOUS, ÉTIENNE-DENIS PASQUIER, etc.

Vû l'Arrêté du Gouvernement provisoire en date du 4 avril présent mois, concernant les emblêmes, chiffres et armoiries qui ont caractérisé le gouvernement de Bonaparte ;

ORDONNONS ce qui suit :

ART. I.ᵉʳ L'Arrêté du Gouvernement provisoire en date du 4 avril présent mois, sera imprimé, publié et affiché.

II. Les sous-préfets des arrondissemens de S.-Denis et de Sceaux, les maires des communes rurales du ressort de la Préfecture, les commissaires de police, les officiers de paix, l'architecte-commissaire de la petite voirie et les agens de la Préfecture sont chargés de tenir la main à son exécution et de nous en rendre compte.

Le Conseiller d'Etat, Préfet de Police,

Signé, PASQUIER.

Par le Conseiller d'Etat, Préfet,

Le Secrétaire-général, signé, PIIS.

ORDONNANCE

Concernant des mesures d'ordre à observer dimanche prochain, à l'occasion de la Revue et du Te Deum.

Paris, le 8 avril 1814.

NOUS, ÉTIENNE-DENIS PASQUIER, etc.

Vû la lettre de M. le prince de Volkonsky, Aide-de-Camp-général et Major-général des armées Russes, lequel nous fait connaître que dimanche prochain LL. MM. l'Empereur de Russie et le Roi de Prusse, ont arrêté de passer une revue générale de leur troupe, et qu'à la suite de cette revue il sera chanté sur la place Louis XV, un *Te Deum* en actions de grace des évènemens mémorables qui viennent de donner la paix à la France et à l'Europe ;

ORDONNONS ce qui suit :

ART. I.er Dimanche prochain 10 avril,

la voie publique sera balayée, nettoyée et débarrassée avant 8 heures du matin.

Les habitans seront tenus de faire effectuer ce balayage chacun en ce qui le concerne.

II. Le même jour, à compter de 8 heures du matin, jusqu'à 7 heures du soir, la circulation et le stationnement des voitures seront interdits :

Sur les quais qui bordent la rive gauche de la Seine, depuis le Pont-Neuf jusqu'à l'esplanade des Invalides ;

Sur les quais qui bordent la rive droite, depuis le quai Morland jusqu'à la barrière de la Conférence ;

Sur la place Louis XV ;

Dans les avenues des Champs-Élysées ;

Dans la rue des Champs-Élysées ;

Sur les boulevarts du Nord, depuis la rue Royale jusqu'au pont d'Austerlitz,

Et dans toutes les parties de la voie publique qui se trouvent comprises dans cette enceinte.

III. Sont seuls exceptés des dispositions de l'article précédent les Courriers de la Malle et les Diligences.

IV. La chaussée du boulevart, depuis le boulevart Bourdon jusqu'à la rue Royale, et la contr'allée extérieure du boulevart, sont exclusivement réservés aux troupes; il est défendu aux personnes à pied d'y circuler ni stationner. Elles ne pourront circuler et stationner que sur les contr'allées intérieures.

V. La place Louis XV et la chaussée des Champs-Élysées sont exclusivement réservées aux troupes: il est défendu aux personnes à pied d'y séjourner et d'y stationner.

VI. Les voitures qui arriveront à Paris par les barrières situées à l'est, au nord et à l'ouest de la ville, depuis la barrière de la Rapée jusqu'à celle de la Conférence, ne pourront entrer dans l'enceinte déterminée par l'article II.

VII. Il est défendu de monter sur les parapets des ponts et des quais, sur les balustrades des fossés de la place Louis XV, sur les arbres des Champs-Élysées et des boulevarts, sur les piles ou théâtres de bois dans les chantiers et sur les barrières au-devant des maisons.

VIII. Il est défendu de construire ou faire construire aucuns échafauds, estrades ou établissemens de ce genre.

Il est également défendu de placer sur la voie publique des chaises et des bancs.

Tous ces objets seront détruits ou enlevés.

IX. Il sera pris envers les contrevenans, telles mesures de police administrative qu'il appartiendra, sans préjudice des poursuites à exercer contr'eux devant les tribunaux.

X. La présente Ordonnance sera communiquée à M. le comte Sacken, gouverneur-général de la ville de Paris, et à M. le comte de Rochechouart, aide-de-camp de S. M. l'Empereur de Russie, commandant les quatre premiers arrondissemens de Paris.

XI. Elle sera pareillement communiquée à M. le Commandant-général de la garde-nationale, afin qu'il veuille bien disposer les troupes nécessaires pour en assurer l'exécution, notamment sur les boulevarts, sur la place Louis XV et sur les quais depuis le Pont-Neuf jusqu'à la place Louis XV.

XII. L'inspecteur-général de la police prendra

toutes les mesures non prévues qui seraient nécessaires pour le maintien de l'ordre et de la sûreté publique. Il se concertera avec les Commandans de la force armée.

XIII. La présente Ordonnance sera imprimée, publiée et affichée.

L'inspecteur-général de la police, les commissaires de police, les officiers de paix, l'architecte-commissaire de la petite voirie, l'inspecteur-général de la navigation et des ports, l'inspecteur-général de la salubrité et tous les préposés de la Préfecture sont chargés, chacun en ce qui le concerne, de tenir la main à son exécution.

Le Conseiller d'État, Préfet, Baron,

Signé, PASQUIER.

Par le Conseiller d'État, Préfet,

Le Secrétaire-général, signé, PIIS.

ORDONNANCE

Concernant des mesures d'ordre à observer à l'occasion de l'entrée de S. A. R. Monsieur, frère du Roi, lieutenant-général du Royaume, à Paris, et du Te Deum qui sera chanté dans l'Église Métropolitaine.

Paris, le 11 avril 1814.

NOUS, ÉTIENNE-DENIS PASQUIER, etc.

Vû la lettre par laquelle le Gouvernement provisoire nous informe que S. A. R. Monsieur, frère du Roi, lieutenant-général du Royaume, fait demain 12 son entrée dans la ville de Paris ; que S. A. R. se rend directement à l'Église Métropolitaine où elle entendra le *Te Deum*, qui doit y être chanté en actions de graces, pour delà venir prendre sa résidence aux Tuileries ;

Voulant maintenir de tout notre pouvoir l'ordre le plus parfait dans une si grande et si mémorable cérémonie, et en même temps assurer à tous les citoyens de toutes les classes le moyen de faire éclater leur allégresse, et d'approcher le plus possible du Prince auguste dont le retour met un terme aux maux qui pèsent sur eux depuis si long-temps, et leur garantit paix et bonheur pour eux et pour leurs enfans ;

Ordonnons ce qui suit :

ART. I.er Demain mardi 11 avril, à compter de neuf heures du matin, la circulation et le stationnement des voitures seront interdits pendant le passage du cortège qui partira du Palais des Tuileries, pour aller au-devant de S. A. R.

Dans la rue de l'Échelle ;

Dans la rue S.-Honoré, depuis la rue de l'Échelle jusqu'à la place Vendôme ;

Sur la place Vendôme ;

Dans la rue de la Paix ;

Sur les boulevarts, depuis la rue de la Paix jusqu'à la porte S.-Denis ;

Et dans les rues du faubourg S.-Denis, de

la Fidélité , du faubourg S.-Martin et du Chemin de Pantin jusqu'à la barrière.

II. Le même jour, à compter de neuf heures du matin jusqu'après la fin de la cérémonie, aucunes voitures, autres que celles des Cortéges, ne pourra stationner ni circuler,

Sur les boulevarts extérieurs depuis la barrière Poissonnière jusqu'à celle du Combat ;

Sur les boulevarts intérieurs, depuis la rue Poissonnière jusqu'à la porte S.-Martin ;

Dans les rues de l'Hôpital S.-Louis, Grange-aux-Belles, de Lancry et de Bondi jusqu'à porte Saint-Martin ;

Dans les rues S.-Martin , des Arcis et Planche-Mibral ;

Sur le quai Pelletier ;

Dans la place de l'Hôtel-de-Ville ;

Sur les quais , depuis la place de l'Hôtel-de-Ville jusqu'au Pont Marie exclusivement ;

Sur le quai des Miramionnes ;

Dans les rues des Grands Degrés , de la Bucherie et de la Huchette ;

Sur les quais de la rive gauche de la rivière, depuis le Pont S.-Michel jusqu'au Pont-Royal ;

Sur le Pont-Royal ;

Sur la place Louis XV ;

Sur les quais de la rive droite, depuis la place Louis XV jusqu'à la place de l'Hôtel-de-Ville ;

Sur la place des Trois-Maries ;

Dans les rues de la Monnaie, du Roule, des Prouvaires, Traînée, jusqu'à la pointe S. Eustache ;

Dans les rues Montorgueil et Poissonnière jusqu'à la barrière Poissonnière ;

Et dans toutes les parties de la voie publique qui se trouvent comprises dans cette enceinte.

III. Sont seules exceptées des dispositions ci-dessus les voitures des personnes qui se rendront à l'Église Métropolitaine, les courriers de la Malle et les Diligences.

IV. Les personnes qui se rendront en voiture, au *Te Deum* devront arriver à l'Église Métropolitaine avant onze heures.

Celles qui arriveront des quartiers de la rive gauche de la Seine, passeront sur le Pont-Neuf et le quai des Orfèvres.

Celles qui arriveront des quartiers de la rive droite, passeront rue de la Barillerie.

Ces voitures seront placées sur les quais qui bordent le quartier de la Cité.

V. Le parvis Notre-Dame, la rue et la place Fénélon, seront exclusivement réservés pour le stationnement des voitures des cortèges.

VI. Il est défendu aux personnes à cheval ou à pied de traverser les cortèges.

VII. Les habitans de Paris et notamment ceux des rues du faubourg S.-Martin, de la Fidélité, de S.-Denis, de la Lanterne, de la Juiverie, Neuve Notre-Dame, et du Parvis, feront disparaître, tous objets placés sur leurs croisés et dont la chûte pourrait occassionner des accidens, tels que caisses, pots à fleurs, etc.

VIII. Il est défendu de monter sur les parapets des ponts et des quais.

IX. Il est défendu de construire ou faire construire aucuns échaffauds, estrades ou établissemens de ce genre, et de placer sur la voie publique des bancs et des chaises.

Tous ces objets seront détruits ou enlevés.

X. La présente Ordonnance sera communiquée à M. le comte Sacken, gouverneur-général de la ville de Paris.

Elle sera pareillement communiquée à M. le Commandant-général de la garde-nationale, afin qu'il veuille bien disposer les troupes nécessaires pour en assurer l'exécution.

L'inspecteur-général de la police prendra toutes les mesures non prévues qui seraient nécessaires pour le maintien de l'ordre et de la sûreté publique. Il se concertera avec les Commandans de la force armée.

XII. La présente Ordonnance sera imprimée, *publiée* et affichée.

L'inspecteur-général de Police, les commissaires de police, les officiers de paix, l'architecte-commissaire de la petite Voirie, l'inspecteur-général de la salubrité et tous les préposés de la Préfecture sont chargés, chacun en ce qui le concerne, de tenir la main à son exécution.

Le Conseiller d'État, Préfet, Baron,

Signé, PASQUIER.

Par le Conseiller d'État, Préfet,

Le Secrétaire-général, signé, PIIS.

ORDONNANCE

Concernant des mesures d'ordre à observer demain vendredi, à l'occasion d'une cérémonie militaire pour la réception de S. M. l'Empereur d'Autriche.

Paris, le 14 avril 1814.

NOUS, Étienne-Denis PASQUIER, etc.

Vû la lettre de M. le comte Sacken, gouverneur de Paris, lequel nous fait connaître qu'il y aura demain cérémonie militaire à l'occasion de l'arrivée de S. M. l'Empereur d'Autriche ;

ORDONNONS ce qui suit :

ART. I.er Demain vendredi 15 avril présent mois, la voie publique sera balayée, nettoyée et débarrassée avant sept heures du matin.

Les habitans seront tenus de faire effectuer ce balayage, chacun en ce qui le concerne.

II. Le même jour, à compter de sept heures du matin jusqu'après la fin de la cérémonie, la circulation et le stationnement des Voitures seront interdits,

Sur les quais qui bordent la rive gauche et la rive droite de la Seine ; depuis le Pont-Royal jusqu'à l'esplanade des Invalides ;

Sur la place Louis XV ;

Dans les avenues des Champs-Élysées ;

Dans la rue des Champs-Élysées ;

Sur les boulevarts du nord , depuis la rue Royale jusqu'à la place de la Bastille ;

Et dans la rue de Charenton depuis la place de la Bastille jusqu'à la barrière.

III. Sont seuls exceptés des dispositions de l'article précédent les courriers de la Malle et les diligences.

IV. La chaussée du boulevart, depuis le boulevart de la porte S.-Antoine jusqu'à la rue Royale, et la contr'allée extérieure du boulevart, sont exclusivemens réservés aux troupes ; il est défendu aux personnes à pied d'y circuler ni stationner. Elles ne pourront circuler et stationner que sur les contr'allées intérieures.

V. La place Louis XV et la chaussée des Champs-Élysées sont exclusivement réservées aux troupes : il est défendu aux personnes à pied d'y séjourner et d'y stationner.

VI. Il est défendu de monter sur les parapets des ponts et des quais, sur les balustrades des fossés de la place Louis XV, sur les arbres des Champs-Élysées et des boulevarts, sur les piles ou théâtres de bois dans les chantiers et sur les barrières au-devant des maisons.

VII. Il est défendu de construire aucuns échafauds, estrades ou établissemens de ce genre.

Il est également défendu de placer sur la voie publique des chaises et des bancs.

Tous ces objets seront détruits ou enlevés.

VIII. Il sera pris envers les contrevenans telles mesures de police administrative qu'il appartiendra, sans préjudice des poursuites à exercer contr'eux devant les tribunaux.

IX. La présente Ordonnance sera communiquée à M. le comte Sacken, gouverneur-général de la ville de Paris, et à M. le comte de Rochechouart, aide-de-camp de S. M. l'Empereur de Russie, commandant les quatre premiers arrondissemens de Paris.

X. Elle sera pareillement communiquée à M. le Commandant-général de la garde-nationale, afin qu'il veuille bien disposer les troupes nécessaires pour en assurer l'exécution.

XI. L'inspecteur-général de la police prendra toutes les mesures non prévues qui seraient nécessaires pour le maintien de l'ordre et de la sûreté publique. Il se concertera avec les commandans de la force armée.

XII. La présente Ordonnance sera imprimée, *publiée* et affichée.

L'inspecteur-général de police, les commissaires de police, les officiers de paix, l'architecte-commissaire de la petite voirie, l'inspecteur-général de la navigation et des ports, l'inspecteur-général de la salubrité et tous les préposés de la Préfecture sont chargés, chacun en ce qui le concerne, de tenir la main à son exécution.

Le Conseiller d'État, Préfet, Baron,
Signé, PASQUIER.

Par le Conseiller d'État, Préfet,

Le Secrétaire-général, Chevalier,
Signé, PIIS.

ORDONNANCE

Concernant les Receleurs des Meubles et Effets militaires soustraits dans les Casernes.

Paris, le 18 avril 1814.

NOUS, ÉTIENNE-DENIS PASQUIER, etc.

Informé que plusieurs personnes dans Paris se sont permis d'acheter, au plus vil prix, différens objets appartenant aux casernes, tels que matelas, traversins, couvertures et draps de lit, etc., quoique ces objets portent une marque de l'administration française, ou des corps auxquels ils appartiennent, et voulant assurer le recouvrement de ces effets dont la conservation est très-importante pour le service de l'État, et dont le bon emploi est d'ailleurs de la plus grande utilité pour celui des corps des troupes alliées réparties dans divers établissemens ;

ORDONNONS ce qui suit :

ART. I.ᵉʳ Il est expressément défendu à toutes personnes et notamment aux brocanteurs et marchands de vieux meubles d'acheter, de quelque personne que ce soit, les meubles appartenans aux casernes et qui portent la marque de l'administration française, ou des corps auxquels ils appartiennent.

II. Les personnes qui auraient acheté, de qui que ce soit, des matelas, traversins, couvertures, draps de lit, etc., provenant des casernes seront tenus d'en faire la déclaration au commissaire de police de leurs quartiers dans le délai de trois jours, sous les peines prononcées par les lois contre le crime de vol et de recel.

III. Les contrevenans aux articles précédens seront arrêtés et poursuivis devant les tribunaux.

IV. La présente Ordonnance sera imprimée, *publiée* et affichée.

V. Les commissaires de Police, les officiers de paix et tous les préposés de la Préfecture de Police sont chargés de veiller, chacun en ce qui le concerne, à son exécution.

Le Conseiller d'État, Préfet, Baron,
Signé, PASQUIER.
Par le Conseiller d'État, Préfet,
Le Secrétaire-général, Chevalier,
Signé, PIIS.

ORDONNANCE

Concernant des mesures d'ordre à observer à l'occasion de l'entrée de S. M. LOUIS XVIII dans sa capitale.

Paris, le 1.ᵉʳ *mai* 1814.

NOUS, ÉTIENNE-DENIS PASQUIER, etc.

Vû le programme pour la fête de l'entrée

de S. M. le Roi LOUIS-XVIII dans sa capitale, à nous adressé par S. Ex. le grand-maître des cérémonies de France et par M. le commissaire provisoire au département de l'intérieur ;

ORDONNONS ce qui suit :

Disposition pour le 2 mai.

ART. I.er Le lundi 2 mai, de cinq à sept heures du soir, il sera fait un balayage extraordinaire dans les rues du faubourg S.-Denis, dans la rue S.-Denis, sur le marché des Innocens, sur l'Apport-Paris, sur le pont aux Change, sur la place du palais de Justice, dans les rues de la Batillerie et du Marché-Neuf, sur la place du Marché-Neuf, dans la rue Notre-Dame, sur le Parvis Notre-Dame, sur le quai des Orfévres, sur le Pont-Neuf et la place des Trois-Maries, dans les rues de la Monnaie et du Roule, dans la rue S.-Honoré, à partir de la rue du Roule jusqu'à la rue de l'Échelle et dans la rue de l'Échelle.

Les habitans seront tenus de faire effectuer

ce balayage, chacun en ce qui le concerne, au-devant de leurs maisons, murs, jardins e tterrases.

II. L'inspecteur-général du nettoiement fera procéder, *pendant la nuit*, à l'enlèvement des boues.

III. A compter de l'heure fixée pour le balayage extraordinaire jusqu'au lendemain 3 mai, il est défendu de déposer aucunes ordures, et de jeter ou laisser couler aucunes eaux ménagères, sur les parties de la voie publique designées par l'article 1.er de la présente Ordonnance.

IV. Les représentations gratuites qui auront lieu dans les spectacles de Paris le lundi 2 mai présent mois, commenceront *toutes à quatre heures et demie* du soir.

Les portes seront ouvertes au public à quatre heures.

Dispositions pour le 3 mai.

Le mardi 3 mai présent mois, toutes les parties de la voie publique seront balayées, nettoyées et débarrassées avant 7 heures du matin,

· Les habitans de Paris seront tenus de faire effectuer ce balayage, chacun en ce qui le concerne.

L'arrosement sera terminé à *dix heures*.

VI. Le même jour, les habitans de Paris feront disparaître les caisses, pots à fleurs ou autres objets exposés sur leurs croisées, notamment dans tous les endroits désignés par l'article 1.er

· VII. A compter de huit heures du matin jusqu'à l'arrivée du cortège de S. M. dans la rue S.-Denis, la circulation et le stationnement des voitures seront interdits :

Sur le boulevart extérieur du nord depuis la barrière des Martyrs jusqu'à celle de Belleville,

Dans les rues des Martyrs, du faubourg Montmartre et du faubourg du Temple, depuis les barrières des Martyrs et de Belleville jusqu'au boulevart intérieur du nord,

· Et dans toutes les parties de la voie publique qui se trouvent comprises dans cette enceinte.

VIII. A compter de la même heure, jusqu'à sept heures du soir, aucunes voitures particulières ou de place ne pourront circuler ni stationner sur le boulevart intérieur du nord depuis la porte S.-Honoré jusqu'à la rue du Temple, dans les rues du Temple, Sainte-Avoie, Bar-du-Bec, des Coquilles, dans la place de l'Hôtel-de-Ville, sur les quais depuis la place de l Hôtel-de-Ville jusqu'au Pont-Marie exclusivement,

Sur le quai des Miramiounes,

Dans les rues des Grands-Dégrés, de la Bucherie et de la Huchette,

Sur les quais de la rive gauche de la rivière depuis le Pont S.-Michel jusqu'à l'esplanade des Invalides,

Sur les quais de la rive droite depuis la place de l'Hôtel-de-Ville jusqu'à la barrière de la Conférence,

Dans toutes les avenues des Champs-Élysées,

Dans la rue des Champs-Élysées,

Dans la rue Royale,

Et dans toutes les parties de la voie publique qui se trouvent comprises dans cette enceinte.

IX. Sont seules exceptées des dispositions ci-dessus les voitures des personnes qui feront partie des cortèges, ou qui se rendront à la Métropole, les courriers de la malle et les diligences.

Sont aussi exceptées les voitures destinées à l'approvisionnement des Halles et Marchés.

Celles de ces voitures qui approvisionnent les grandes Halles, ne pourront sortir de l'enceinte déterminée par l'article précédent, que par les rues Montmartre ou Montorgueil.

X. Il est défendu aux personnes à cheval ou à pied de traverser les cortèges.

XI. Les voitures des personnes invitées à la cérémonie devront arriver à l'Église Métropolitaine avant onze heures,

Celles qui arriveront des quartiers de la rive gauche de la Seine, passeront sur le Pont-Neuf et le quai des Orfèvres,

Celle qui arriveront des quartiers de la rive droite, passeront les rues de la Lanterne et de la Juiverie.

Ces voitures iront stationner sur le quai des Miramionnes par le Petit-Pont de l'Hôtel-Dieu et les rues de la Bucherie et des Grands-Dégrés.

XII. Les voitures des corps de l'État seront mises en stationnement sur les quais situés au nord du quartier de la Cité.

XIII. Le parvis Notre-Dame, la rue, la place Fénélon et le quai de l'Archevêché seront exclusivement réservés pour le stationnement des voitures du cortège de S. M.

XIV. Il est défendu aux cochers de quitter les rênes ne leurs chevaux.

XV. Il est défendu de monter sur les monumens et édifices publics, sur les parapets des quais et ponts, sur les balustrades des fossés de la place Louis XV, sur les toits, les entablemens et les auvents des maisons, sur les piles ou théâtres de bois dans les chantiers et sur les barrières au-devant des maisons.

XVI. Il est également défendu de construire ou faire construire aucuns échafauds, estrades ou établissemens de ce genre et de placer sur la voie publique des bancs et des chaises.

Tous ces objets seront détruits ou enlevés.

XVII. Les habitans de Paris feront illuminer la façade de leurs maisons dans la soirée du mardi 3 mai présent mois.

XVIII. Il est défendu de vendre et d'acheter des fusées, pétards, boîtes, bombes et autres pièces d'artifice, et d'en tirer dans les rues, promenades, places publiques, cours et jardins, ou par les fenêtres des maisons.

Les pères et mères et les chefs de maison sont civilement responsables de leurs enfans, de leurs ouvriers ou domestiques.

Les marchands de pièces d'artifice sont personnellement responsables de l'exécution du présent article en ce qui les concerne.

XIX. Il est défendu de se placer sur les berges des deux rives de la Seine pour voir le feu d'artifice, et spécialement depuis le Pont-Royal jusques aux Pompes à feu de Chaillot et du Gros-Caillou.

XX. Des bachots seront placés dans les bassins près le Pont de Louis XVI, pour interdire l'entrée desdits bassins et porter du secours au besoin.

Ces bachots seront montés par des mariniers-nageurs.

XXI. Les bateaux , batelets ou trains qui se trouveront sur la rivière , seront éloignés de deux cents mètres au moins du pont de Louis XVI.

XXII. Le passage sur le pont des Arts aura lieu pendant le jour du 3 mai , jusqu'à sept heures du soir.

Les personnes qui le traverseront ne pourront s'y arrêter.

A compter de sept heures du soir, le passage, sur ce pont , sera entièrement interdit jusqu'après le tirage du feu d'artifice.

XXIII. Des pompes, des tonneaux et sceaux à incendie seront placés , en nombre suffisant , par-tout où il sera jugé nécessaire.

Il est défendu aux Pompiers de quitter leurs pompes et leur poste.

XXIV. Aucunes voitures, autres que celles des personnes qui se rendront à la Cour, ne pourront circuler dans Paris le 3 mai

présent mois , depuis sept heures du soir jusqu'au lendemain matin.

XXV. La présente Ordonnance sera communiquée à M. le Commandant général de
la garde-nationale , afin qu'il veuille bien
disposer les troupes nécessaires pour en assurer
l'exécution.

Elle sera pareillement communiquée à M.
le général de division , commandant de Paris
pour les troupes françaises.

XXVI. L'inspecteur-général chargé du service extérieur prendra , sur les cas imprévus,
toutes les mesures qui seraient nécessaires
pour le maintien de l'ordre et de la sûreté
publique. Il se concertera avec les commandans de la force armée.

XXVII. Il sera pris envers les contrevenans,
telles mesures de police administrative qu'il
appartiendra , sans préjudice des poursuites à
exercer contr'eux devant les tribunaux.

XXVIII. La présente Ordonnance sera
imprimée, *publiée* et affichée.

L'inspecteur-général chargé du service extérieur, les commissaires de police, les officiers.

de paix , le commandant du corps des sapeurs-
pompiers , l'architecte-commissaire de la petite
voirie , l'inspecteur-général de la navigation
et des ports , le contrôleur-général du recen-
sement et mesurage des bois et charbons ,
l'inspecteur-général de la salubrité et les préposés de la Préfecture sont chargés , chacun
en ce qui le concerne , de tenir la main à son
exécution.

Le Conseiller d'État, Préfet, Baron,
     Signé , PASQUIER.
Par le Conseiller d'État , Préfet ,
    Le Secrétaire-général , Chevalier ,
      Signé , PIIS.

DÉCLARATION
DU ROI.

LOUIS , par la grâce de Dieu, ROI DE
FRANCE ET DE NAVARRE , à tous ceux qui
les présentes verront, salut :

Rappelé par l'amour de notre peuple au

trône de nos pères, éclairé par les malheurs
de la Nation que nous sommes destiné à
gouverner, notre première pensée est d'in-
voquer cette confiance mutuelle si nécessaire
à notre repos et à son bonheur.

Après avoir lu attentivement le plan de
constitution proposé par le sénat dans sa
séance du 6 avril dernier, nous avons reconnu
que les bâses en étaient bonnes, mais qu'un
grand nombre d'articles, portant l'empreinte
de la précipitation avec laquelle ils ont été
rédigés, ils ne peuvent, dans leur forme
actuelle, devenir loi fondamentale de l'État.

Résolu d'adopter une constitution libérale,
voulant qu'elle soit sagement combinée, et
ne pouvant en accepter une qu'il est indis-
pensable de rectifier, nous convoquons, pour
le 10 du mois de juin de la présente année,
le sénat et le corps législatif, nous engageant
à mettre sous leurs yeux le travail que nous
aurons fait avec une commission choisie dans
le sein de ces deux corps, et à donner pour
bâse à cette constitution les garanties suivantes:

Le gouvernement représentatif sera maintenu tel qu'il existe aujourd'hui, divisé en deux corps, savoir :

Le sénat et la chambre composée des députés des départemens.

L'impôt sera librement consenti.

La liberté publique et individuelle assurée ; la liberté de la presse respectée, sauf les précautions nécessaires à la tranquillité publique ; la liberté des cultes garantie.

Les propriétés seront inviolables et sacrées ; la vente des biens nationaux restera irrévocable.

Les ministres, responsables, pourront être poursuivis par une des chambres législatives et jugés par l'autre.

Les juges seront inamovibles, et le pouvoir judiciaire indépendant.

La dette publique sera garantie ; les pensions, grades, honneurs militaires seront conservés, ainsi que l'ancienne et la nouvelle noblesse.

La légion d'honneur, dont nous déterminerons la décoration, sera maintenue.

Tout français sera admissible aux emplois civiles et militaires.

Enfin, nul individu ne pourra être inquiété pour ses opinions et ses votes.

Fait à S.-Ouen, le 2 mai 1814.

Signé, LOUIS.

ORDONNANCE

Concernant des mesures d'ordre à observer à l'occasion de la grande parade de la Garde-Nationale et des Troupes de Ligne françaises.

Paris, le 7 mai 1814.

NOUS, Étienne-Denis PASQUIER, etc.

Vû la lettre par laquelle M. le commandant-général de la garde-nationale nous fait connaître que demain 8 mai il y aura grande parade de la garde-nationale et des troupes de ligne françaises, lesquelles défileront devant S. M. le Roi de France dans la cour des Tuileries et sur la place du Carrousel;

Ordonnons ce qui suit :

Art. I.er Demain dimanche 8 mai, à

compter de huit heures du matin jusqu'après le défilé des troupes, aucunes voitures, autres que celles qui se rendront au château des Tuileries, ne pourront circuler ni stationner sur la place du Carrousel, sur les quais de la rive droite de la rivière, depuis le pont au Change jusqu'au pont de Louis XVI, sur le Pont-Neuf, le pont de Louis XVI, sur la place Louis XV et dans la rue de Rivoli.

II. Il est défendu aux étalagistes de stationner sur tous les endroits désignés par l'article précédent.

III. La présente Ordonnance sera communiquée à M. le commandant-général de la garde-nationale, afin qu'il veuille bien donner des ordres pour en assurer l'exécution.

IV. Elle sera pareillement communiquée à M. le comte Sacken, et à M. le comte de Rochechouart.

V. L'inspecteur-général, chargé du service extérieur, prendra toutes les mesures nécessaires pour le maintien de l'ordre. Il se con-

(:e;)

certera avec les commandans de la force
armée.

VI. L'inspecteur-général chargé du service
extérieur, les commissaires de police, les
officiers de paix et les préposés de la Préfecture, sont chargés, chacun en ce qui le
concerne, de ténir là main à son exécution.

Le Conseiller d'État, Préfet, Baron,
Signé, PASQUIER.

Par le Conseiller d'État, Préfet,

Le Secrétaire-général, Chevalier,
Signé, PIIS.

ORDONNANCE

Concernant les Bains dans la rivière, et les Écoles
de Natation.

Paris, le 12 mai 1813.

Voyez pour cette Ordonnance, tome *VIII,*
page 256.

Tome X.   18

ORDONNANCE

Concernant des mesures de Police relatives à la Convocation du Corps-Législatif.

Paris, le 31 mai 1814.

NOUS, DIRECTEUR-GÉNÉRAL DE LA POLICE DU ROYAUME,

Vû l'Arrêt du Conseil d'État, en date du 30 mai présent mois, par lequel S. M. a fixé la convocation du corps-législatif au quatrième jour du mois de juin de la présente année ;

Et le programme de S. Ex. M. le marquis de Dreux-Brézé, grand-maître des cérémonies de France ;

ORDONNONS ce qui suit:

ART. I.er Le samedi 4 juin prochain, jour

où le Roi se rendra au palais du corps-législatif, la circulation et le stationnement des voitures, autres que celles des autorités ou des personnes invitées, seront interdits à compter de midi jusqu'après le retour de S. M. au palais des Tuileries,

Sur les quais de la rive droite de la Seine depuis la rue du Petit-Bourbon jusques et compris le quai de la Conférence,

Sur les quais de la rive gauche, depuis le Pont-Neuf jusqu'à l'esplanade des Invalides,

Dans la rue de Bourgogne,

Dans la rue de l'Université, depuis l'avenue de la Bourdonnais jusqu'à la rue du Bac,

Dans la rue du Bac depuis celle de l'Université jusqu'au pont Royal,

Sur le pont Royal,

Sur la place Louis XV,

Et sur celle du Carrousel.

II. Les voitures des autorités ou des personnes qui se rendront des quartiers de la rive gauche de la Seine au palais du Corps-Législatif, arriveront aux cours de ce palais, par les rues du Bac et de l'Université.

Celles des autorités ou des personnes qui s'y rendront des quartiers de la rive droite, arriveront par le Pont-Neuf, et suivront les quais depuis la rue Dauphine jusqu'à la rue du Bac, pour arriver au palais du Corps-Législatif par les rues du Bac et de l'Université.

III. Les personnes invitées qui se rendront en voitures au palais du Corps-Législatif ne pourront y arriver que depuis onze heures jusqu'à une heure et demie.

IV. Il est défendu de traverser le cortège.

V. Il est pareillement défendu de monter sur les parapets des ponts et des quais.

VI. L'inspecteur-général chargé du service extérieur, prendra toutes les mesures qui pourraient être nécessaires au maintien de l'ordre et de la sûreté publique.

VII. La présente Ordonnance sera imprimée et affichée.

L'inspecteur-général chargé du service extérieur, les commissaires de police, les officiers
de paix et les préposés de la Direction générale
sont chargés de tenir la main à son exécution,
chacun en ce qui le concerne.

Le Directeur-général,
Signé, Le Comte BEUGNOT.

Par Son Excellence :

Le Secrétaire-général, signé, SAULNIER.

ORDONNANCE

Concernant l'observation des Fêtes et Dimanches.

Paris, le 7 juin 1814.

NOUS, Directeur-général de la Police
du Royaume,

Considérant que l'observation des jours con-
sacrés aux solennités religieuses est une loi
commune à tous les peuples policés, qui
remonte au berceau du monde, et qui inté-
resse au même degré la religion et la politique ;

Que l'observation du dimanche s'est maintenue avec une pieuse sévérité dans toute la chrétienté, et qu'il y a été pourvu pour la France en particulier par différentes Ordonnances de nos Rois, des Arrêts des Cours souveraines, et en dernier lieu par le Réglement du 8 novembre 1782;

Que ces Lois et Réglemens n'ont point été abrogés, qu'ils ont été seulement perdus de vue durant les troubles; mais qu'ils ont été implicitement rappelés par les lois des 18 et 19 germinal an 10 qui ont rétabli l'observation du dimanche et des fêtes réduites à un très-petit nombre;

Et qu'il est nécessaire aujourd'hui de rappeler explicitement ces mêmes réglemens pour attester à tous les yeux le retour des Français à l'ancien respect de la religion et des mœurs, et à la pratique des vertus qui peuvent seules fonder pour les peuples une prospérité durable;

Ordonnons ce qui suit :

Art. I.er Les travaux seront interrompus les *Dimanches* et les jours de *Fêtes*.

En conséquence il est défendu à tous maçons, charpentiers, couvreurs, terrassiers, menuisiers, serruriers, et généralement à tous artisans et ouvriers de travailler à aucuns ouvrages de leur profession, et à tous marchands de faire aucun commerce ni débit de marchandises les *Dimanches* et les jours de *Fêtes*. Il leur est ordonné de tenir leurs atteliers, boutiques et magasins exactement fermés à peine de 200 fr. d'amende pour chaque contravention dont les maîtres seront responsables pour leurs garçons, ouvriers et domestiques.

II. Il est également défendu à tous portefaix et hommes de journée de travailler de leur état les *Dimanches* et jours de *Fêtes*.

Les charretiers et voituriers ne pourront faire aucuns chargemens ni charrois à peine d'une amende de 100 fr. pour la sûreté de laquelle les chevaux et harnois, charettes, voitures ou traineaux seront mis en fourrière jusqu'à consignation.

III. Ne pourront les particuliers pendant ces mêmes jours employer à des travaux aucuns artisans, ouvriers et gens de journée à peine d'être personnellement responsables des amendes que ces ouvriers auraient encourues.

IV. Il est également défendu à tous marchands de menue-mercerie, quincaillerie, tableterie, férailles, etc., à tous revendeurs et revendeuses, marchands d'estampes, d'images ou de vieux livres et à tous les *étalagistes*, sans exception, de colporter leurs marchandises ni de les exposer en vente les *Dimanches* et les jours de *Fêtes* à peine de saisie des marchandises et de 100 fr. d'amende.

V. Il est expressément ordonné aux marchands de vins, maîtres de café, ou de lieux dits *estaminets*, marchands d'eau-de-vie, de bière ou de cidre, maîtres de paulme ou de billard de tenir leurs boutiques, cabarets, ou établissemens fermés les *Dimanches* et les jours de *Fêtes* pendant le temps de l'office divin, depuis huit heures du matin jusqu'à midi ; ils refuseront l'entrée à tous ceux qui se présenteraient chez eux dans cet intervalle pour y manger, boire ou y jouer, à peine de 300 fr. d'amende.

VI. Il est défendu à tous saltimbanques,

faiseurs de tours, maîtres de curiosités, chan-
teurs ou joueurs d'instrumens d'exercer leur
métier dans leurs salles ou sur la voie publique les *Dimanches* et les jours de *Fêtes*
avant cinq heures de l'après midi, sous peine
d'interdiction.

VII. Nulle réunion pour la danse ou pour
la musique n'aura lieu avant la même heure
dans aucun établissement ouvert au public,
à peine de 500 francs d'amende contre le
maître de l'établissement.

VIII. Pourront tenir leurs boutiques entr'ouvertes, les Dimanches et jours de Fêtes,
les pharmaciens et les herboristes, les épiciers,
les boulangers, les bouchers, les charcutiers,
les traiteurs et les pâtissiers, mais il leur est
défendu d'exposer ou étaler leurs marchandises.

IX. Les défenses prescrites par notre présente
Ordonnance ne sont pas applicables aux Ouvriers
employés par les cultivateurs aux travaux de
la moisson et des récoltes que l'état de la
saison ou la crainte des intempéries rendraient
urgens.

X. Da même tolérance aura lieu pour des

travaux que des particuliers seraient obligés de faire faire dans des cas de péril imminent ; mais ils ne pourront les faire exécuter qu'après en avoir obtenu la permission d'un officier de police.

III. Les contraventions aux dispositions de la présente Ordonnance seront constatées par des procès-verbaux.

Il sera pris envers les contrevenans telles mesures de police administrative qu'il appartiendra, sans préjudice des poursuites à exercer contr'eux par les tribunaux.

XII. La présente Ordonnance sera imprimée, *publiée* et affichée par tout le Royaume.

XIII. MM. les préfets et sous-préfets, et sous leurs ordres, les commissaires de police, les officiers de paix sont chargés de tenir la main à son exécution.

Donné en notre Hôtel, à Paris, le 7 juin 1814.

Le Directeur-général,

Signé, Le Comte BEUGNOT.

Par Son Excellence ;

Le Secrétaire-général, *signé*, SAULNIER.

ORDONNANCE

Concernant les processions de la Fête-Dieu.

Paris, le 10 juin 1814.

NOUS, DIRECTEUR-GÉNÉRAL DE LA POLICE DU ROYAUME,

Vû les Ordonnances et Réglemens rendus pour la solennité de la Fête-Dieu, et notamment celles des 10 juin 1702, 18 mai et 10 juin 1710, et les divers Arrêts des Cours Souveraines intervenus sur cette matière;

Voulant pourvoir à ce que cette solennité, généralement réclamée, reprenne avec l'ordre et la pompe qui l'ont dès long-temps caractérisée;

ORDONNONS ce qui suit:

ART. I.er Dimanche prochain 12 juin, jour de la *Fête-Dieu*, et le dimanche suivant, jour de l'*Octave*, la voie publique sera balayée avant *six* heures du matin, et débarrassée à *sept* heures au plus tard ; le service de l'arrosement sera terminé à la même heure.

II. La circulation et le stationnement des voitures sont interdits depuis huit heures du matin jusqu'à trois heures de l'après-midi.

Sont seuls exceptés les courriers de la malle, les diligences et les voitures des personnes qui se rendront au palais des Tuileries.

III. Il est ordonné à tous les particuliers de tendre ou faire tendre le devant de leurs maisons, dans toutes les rues par lesquelles doivent passer les processions du S -Sacrement. Ils ne commenceront à détendre ou faire détendre qu'une demi-heure après que les processions seront entièrement passées.

IV. Les anciennes défenses de tirer des pétards, boîtes, et autres pièces d'artifices pendant le passage des processions, sont particulièrement renouvelées.

Les pères et mères et les chefs de maisons sont civilement responsables des faits de leurs enfans et de leurs ouvriers ou domestiques.

V. La présente Ordonnance sera imprimée et affichée dans Paris ; les commissaires de police, l'inspecteur-général du service extérieur, les officiers de paix et l'inspecteur-général du nétoyement, sont chargés, chacun en ce qui le concerne, de tenir la main à son exécution.

Le Directeur-général,

Signé, Le Comte BEUGNOT.

Par Son Excellence :

Le Secrétaire-général, *signé*, SAULNIER.

TABLE

PAR ORDRE ALPHABÉTIQUE

DES MATIÈRES

CONTENUES DANS CE VOLUME.

FIN DE LA TABLE.

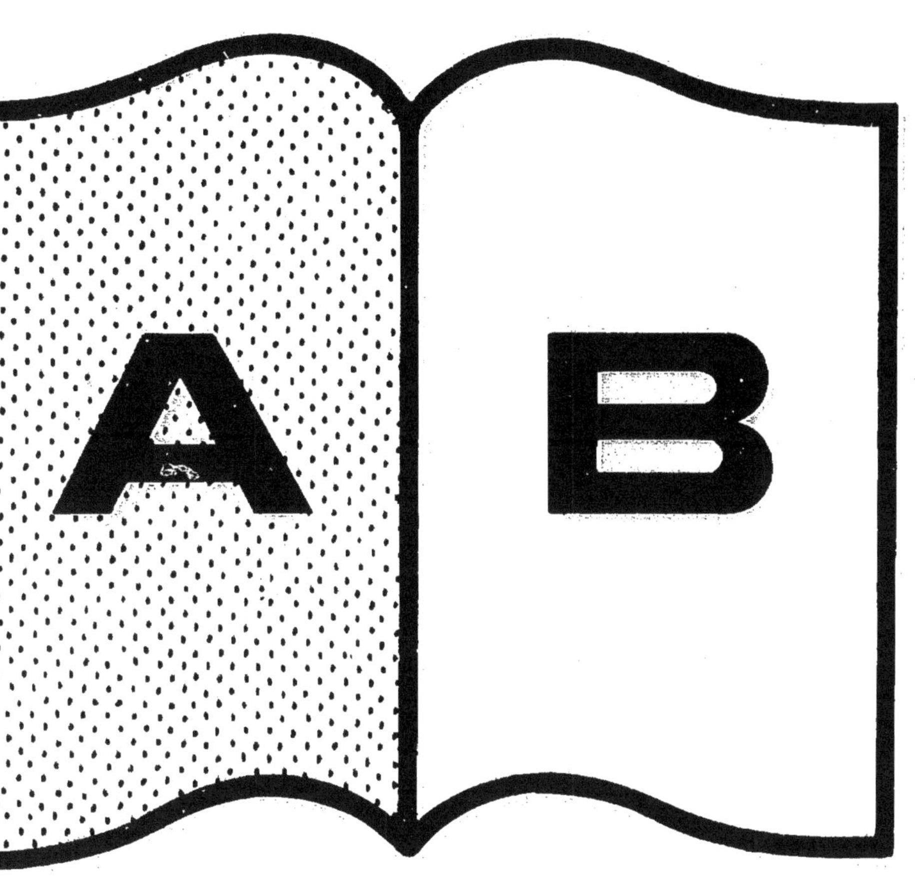

Contraste insuffisant

NF Z 43-120-14